国家智库报告 2016（36）
National Think Tank

经　济

"债务—通缩"压力与债务风险化解

毛振华　阎衍　张英杰　著

DEBT-DEFLATION PRESSURES AND RESOLVING THE DEBT RISKS

中国社会科学出版社

图书在版编目(CIP)数据

"债务—通缩"压力与债务风险化解／毛振华，阎衍，张英杰著.
—北京：中国社会科学出版社，2016.6（2017.10 重印）
（国家智库报告）
ISBN 978 - 7 - 5161 - 8673 - 2

Ⅰ.①债…　Ⅱ.①毛…②阎…③张…　Ⅲ.①债务管理—研究
Ⅳ.①F830.5

中国版本图书馆 CIP 数据核字（2016）第 182736 号

出 版 人	赵剑英	
责任编辑	王　茵	
特约编辑	张　潜	
责任校对	王　斐	
责任印制	李寡寡	

出　　版	中国社会科学出版社	
社　　址	北京鼓楼西大街甲 158 号	
邮　　编	100720	
网　　址	http://www.csspw.cn	
发 行 部	010 - 84083685	
门 市 部	010 - 84029450	
经　　销	新华书店及其他书店	

印刷装订	北京君升印刷有限公司	
版　　次	2016 年 6 月第 1 版	
印　　次	2017 年 10 月第 2 次印刷	

开　　本	787 × 1092　1/16	
印　　张	6.5	
插　　页	2	
字　　数	65 千字	
定　　价	28.00 元	

摘要：当前中国企业受困于劳动成本和融资成本双高的难题，而企业债务负担过重更是可能引发持续通缩甚至经济衰退的重要问题。本书在分析了中国所面临的"债务—通缩"压力及国内债务风险现状后，对当前各监管部门应对债务问题的政策进行了梳理与分析。在此基础上提出化解中国债务风险的对策，一是财税、货币政策托底，避免大规模违约、营造良好经营环境；二是加快资本市场改革，创新企业融资工具，拓宽企业融资渠道；三是发展违约风险对冲工具，提高债权人违约风险管理能力；四是转变经济增长方式。

Abstract: Currently, Chinese enterprises are struggling through high levels of labor cost and financing cost, while heavy debt burden may cause consistent deflation and even economic recession. This book discusses and elaborates on the Debt-Deflation pressures and domestic debt risk conditions China is currently facing, and provides a thorough sorting and analysis on the policies implemented by different regulatory agencies regarding the debt issues. With the above mentioned, in order to resolve China's debt risks, we propose the following suggestions: (1) creating a benign macroeconomic environment, and avoiding large-scale defaults with underpinning financial and monetary policies; (2) accelerating the reformation of capital market, innovation of financing instruments, and the expansion of financing channels; (3) developing instruments to hedge default risks and improving creditors'ability to control default risks; (4) transforming the economic growth pattern.

目　录

一　引言

通货紧缩作为与通货膨胀相对应的概念，表现为一个经济体中大多数商品和劳务的价格连续在一段时间内的普遍下跌。宏观经济学中常采用消费价格指数（CPI）和生产者价格指数（PPI）两个指数来描述整个经济的价格水平，一般当 CPI 连续 3 个月负增长，就认为经济出现了通缩。与通货膨胀相反，通货紧缩的货币表现是货币的升值和购买力的提高，这看似对居民生活有利，但实际上如果经济持续通缩，物价普遍连续下跌，不仅企业利润会大幅减少，居民和企业持有的资产也将贬值，投资预期收益将会下降，消费和投资的需求都将不断降低，最终会导致工厂关停、企业倒闭、失业增加等严重问题。与此同时，无论是企业还是居民，债务负担都会相对增加，如果持续下去，不仅会增加银行坏账，还可能引发债务大面积违约甚至导致金融危机。因此，通货紧缩也往往伴随着经济衰退。

从历史经验来看，通货紧缩经常是凯恩斯经济学中对经济过度刺激的后遗症：大规模超发货币之后的紧缩政策、经济刺激过度导致的供给过剩、债务负担过重、需求相对不足等因素都可能导致通缩的发生。对于中国当前的经济形势来说，产能过剩和需求不足带来的物价下行压力十分明显，企业受困于劳动成本和融资成本双高的难题，而目前企业债务负担过重更是可能引发持续通缩甚至经济衰退的重要问题。

企业部门高债务是困扰中国经济转型升级、走出本轮下行周期的难题之一。从宏观经济的角度看，高债务叠加通缩压力已经让中国经济站在费雪提出的"债务—通缩"恶性循环的边缘；从微观角度看，高债务压力不仅影响企业部门自身的经营，还让大量持有这些债务的金融机构资产负债表风险积聚，威胁金融稳定性。而金融系统的稳定运转对于整个经济的重要性不言而喻，因此让企业自身和金融机构双双走出这一困局对于经济的企稳尤为重要。正如我们在此前的文章中提到的观点，[①]宽松的货币政策是降低企业融资压力、对抗通缩的必要条件。但对于最终化解风险，改善实体经济的经营状况，

[①]　参见张英杰等《中国式 QE："债务—通缩"循环与非常规货币政策选择》，中国宏观经济论坛（2015 年第三季度），此文中有较为详细的论述。文章部分内容刊载于《中国经济报告》2015 年第 11 期，第 50—52 页。

宽松的货币政策必须要有积极的财政政策相配合。在这样一个风险高度聚集的特殊时期，短期内需要政策托底，拓宽企业融资渠道、避免债务的大面积违约，降低金融机构资产端的风险、增加违约风险管理工具，从而稳定经济。但从长期来看，只有加快转变投资驱动的增长方式，让企业部门提高自身竞争力，充分释放国内的消费需求，才是让中国经济进入新一轮上升通道的根本路径。

二 中国经济的"债务—通缩"压力

一般而言，在经济运行过程中温和的通胀更有利于经济增长，但纵观 2012 年第二季度至今的数据，可以看到 CPI 增速仅在 2013 年两次达到 3.2%，其他大部分月份均低于 3%。国家统计局发布的数据显示，整个 2014 年单月 CPI 涨幅均未超过 2.5%，全年累计增长仅为 2%，距离 3.5% 的控制目标有相当的距离。而自 2014 年 8 月以来 CPI 同比增速均在 2% 以下，12 月增速仅有 1.5%，通胀率已经进入 "1 时代"。而与还在缓慢上涨的 CPI 相比，PPI 已经连续 34 个月同比下跌，12 月 PPI 跌幅进一步扩大至 3.3%，工业企业的困难程度进一步加剧。

中国经济新常态下，劳动力成本和企业融资成本双双上涨，实体经济面临的形式愈发严峻。另一方面，企业部门债务居高不下的债务水平遏制了企业的投资动力，银行惜贷导致资金难以进入实体经济，与此同时生产领域的通缩压力持续加大，中国经济面临着"债务—通缩"风险。本书这一部分首先分析中国企业发展现状，阐述劳动力成本上升背后的原因，并挖掘企业融资困难的因素，接着说明中国经济面临怎样的"债务—通缩"循环风险。

（一）有效投资需求不足，企业亏损面持续扩大

2015年，中国宏观经济在各类数据超预期回落中步入新常态的艰难期。在外需低迷、投资大幅度下滑的作用下，总需求收缩十分明显，经济下滑开始从过去"新常态"潜在增速回落主导的模式转化为"趋势力量"下滑与"周期性力量"回落并行的格局。政府前期刺激政策导致资本边际收益下降，工业品生产部门减速，进一步拉低基础设施投资的边际收益。作为衡量制造业景气程度的先行指标，财新制造业PMI终值在9月份创新低，此后虽有所回升，但仍在荣枯线以下持续徘徊，官方制造业PMI也自2015年8月以来一直处于荣枯线下方。总体而言，中国制造业运行出现了6年以来最显著的放缓，表明生产需求下降。

此外，企业绩效指标持续恶化。规模以上工业企业利润明显下滑，并自2015年2月转为负增长，直到2016年2月增速才恢复为正。与此同时，工业企业的亏损面在不断扩大，亏损企业的数量持续增加，且亏损总额增

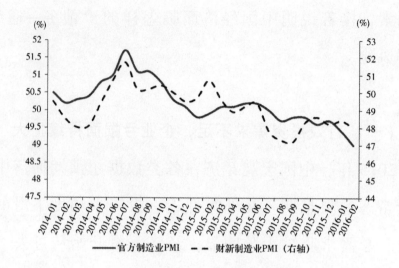

图1　2015 年以来财新制造业 PMI、官方制造业 PMI 双双下降，

已经在荣枯线下徘徊了半年以上

资料来源：恒生聚源，中诚信国际信用评级有限责任公司整理

速更快。其中，国有企业的亏损总额变化剧烈。民营企业破产数据虽然没有官方统计，但破产事件屡屡发生。根据民营经济发达的浙江省统计数据显示①，2015 年期间，该省受理企业破产案件 619 件，审结 312 件，同比分别上升 105% 和 47%。除了浙江省，全国经济发达的其他省市民营企业倒闭的数量也日渐增多。

① 参见 http：//www. chinacourt. org/article/detail/2016/01/id/1800166. sht-ml。

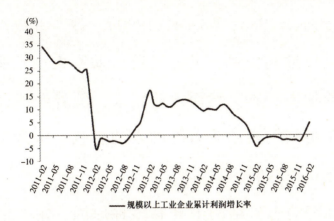

图2 工业企业利润增速持续下滑并由正转负，近期才恢复增长

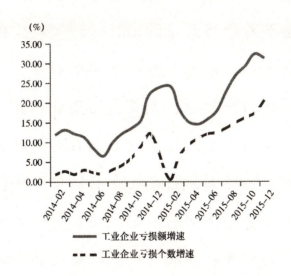

图3 亏损企业个数与亏损额增速逐步增长

资料来源：中诚信国际信用评级有限责任公司整理

（二）企业受困劳动力成本、融资成本双高难题

经济增长的方式是由其要素禀赋结构决定的，而经济增长的长期动力来源于资本积累、劳动力投入和技术

进步（Lucas，1988；Romer，1990）。改革开放以来，中国利用人口红利优势，大力发展劳动密集型产业，积累了大量的物质资本。然而，近年来，随着经济社会发展与人口年龄结构变动等多种因素的影响，中国劳动力成本的优势正在减弱。

中国劳动力价格的上升有多种原因，主要包括以下三点：一是计划生育政策的实施导致就业人口总数逐渐下降；二是随着经济总量的增长，政策决定的最低工资水平逐渐提高；三是随着教育水平的提高，劳动力市场的供求不平衡日渐明显，尤其是制造业"用工荒、用工难"问题愈加突出。劳动力成本上升对经济发展来说是一把双刃剑，一方面，随着收入的增加，居民消费水平得到提高，促进经济向内需型转变；另一方面，劳动力成本的上升会增加企业成本负担，挤压企业的生产经营利润，抑制投资需求。受人口结构变化、居民收入增长需求等因素影响，劳动力成本上升趋势在相当一段时间内不可逆转。因此通过降低劳动力成本来减轻企业经营负担相对困难。

在劳动力成本快速上涨的同时，企业还面临融资难、融资贵的难题。近年来为了解决实体经济融资难问题，监管层面已经出台了不少政策：（1）央行自 2014 年以来，已经实施了 8 次降准，其中 3 次为定向调控，4 次采取普遍与定向相结合的方式，最后 1 次为普遍降准，同期，央行实施了 6 次降息，一年期贷款基准利率累计下调 150bp。与此同时，央行还通过公开市场操作、SLF、MLF、PSL 等工具向货币市场投放资金，保持市场流动性，为实体经济提供资金支持。（2）各监管机构鼓励发展直接融资市场，例如 2014 年重启 IPO，近两年债券市场主要监管机构对债券市场发行交易进行流程简化等。

这些措施对于降低企业融资成本发挥了重要作用，在某种程度上也拓宽了部分企业的融资渠道，但由于利率传导机制不健全，通货紧缩压力、信用风险加深情况下金融机构"惜贷"等原因，企业整体"融资难""融资贵"问题依然存在，资金进入实体经济面临重重阻碍。

1. 利率传导机制不健全，金融市场利率的下降难以降低实体经济融资成本。利率传导机制不健全，企业赖以生存的银行融资体系无法把金融市场的流动性向实体企业传导。这主要有几个方面的原因，一是货币市场、债券市场是割裂的，缺乏协调，无法相互影响。甚至规模较大的债券市场的定价机制也不健全，各债券品种之间定价联动效应较弱，短期品种定价向长期品种定价传导性较弱，基础债券品种收益率曲线还不完善。二是证券市场和信贷市场是割裂的，银行间市场信用利差无法传导到信贷市场，央行只能通过合意贷款管理和其他非常规方式来调控。三是以银行为核心的信贷投放机制存在结构性问题。受中国经济体制和风险溢价因素影响，银行信贷投放偏重大型国有企业，中小微企业占有的信贷资源很少，导致中小微企业议价能力较低，融资成本居高不下。

2. **考虑通胀水平的实际利率高企**。实际利率是指剔除通货膨胀后投资得到的真实回报。一般来说，实际利率等于名义利率减通货膨胀率。对于欧美发达国家来说CPI能反映其真实通货膨胀水平，而对于现阶段的中国，PPI更能反映生产领域企业面临的真实的通货膨胀水平。2012年3月至今，PPI同比增速持续为负，虽然2016年前两个月PPI降幅有所收窄，但降幅仍在5%左右，且随着供给侧结构性改革的实质推进，PPI同比增速短期内可能难以回升，通缩压力仍将持续一段时间，这就导致企业承受的实际利率仍然较高，如果再考虑到经营状况的持续恶化，企业经营已经十分艰难。

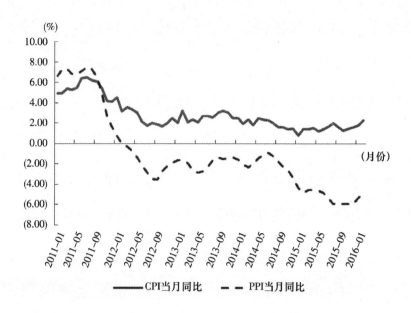

图4 PPI 持续为负，且与 CPI 之间的差值逐渐扩大

资料来源：恒生聚源，中诚信国际信用评级有限责任公司整理

3. 银行惜贷加剧企业融资难。受经济结构调整的影响，国内银行业对产能过剩行业的信贷更加审慎，这对国内企业的现金流产生一定影响，其中反应最为敏感的是中型企业以及小微企业，而后逐步向大型企业扩散。中国银行业的不良贷款率逐年升高，根据银监会数据，截至2015年末，商业银行不良贷款余额为1.27万亿元，同比增长51.3%，不良贷款率1.67%，比2014年末上升0.42个百分点。银行业的不良贷款已经连续反弹了17个季度，且在经济结构调整、去杠杆化、信用违约呈现

常态化下，预计未来商业银行不良率仍将维持高位。一方面，由于融资平台公司未来已不能借政府名义举债，也不能借政府名义担保融资，债务负担过重、财务状况较差的融资平台公司可能出现债务不可持续和债务违约，相关的金融机构将面临不良资产上升的压力；另一方面，虽然银监会很早就要求商业银行对房地产企业贷款实施严格的信贷政策，但是在信贷之外，银行信贷通过各种渠道，诸如信托、理财等方式，依然将资金输送到房地产市场。此外，小微企业所特有的相对高风险特征逐渐显现，不良贷款率明显高于其他贷款的平均水平。经济增速放缓对小微企业的影响将在较长时间内持续，未来小微企业不良贷款率仍有进一步上升的可能。

在不良率大幅上升的压力下，银行风险偏好的实质性下降会影响其信贷投放。银行在给企业放贷方面，存在惜贷的问题，尤其对小微企业的信贷进一步收紧。目前，工业企业生产经营形势依然严峻，主营业务收入增速下滑，企业库存压力加大、应收账款居高不下的趋势或仍将持续，对银行的信贷投放形成制约。目前银行仍处于风险规避阶段，对高风险领域"惜贷"，仅愿意投放低风险品种，如个人按揭、小企业的贴票、大企业信贷等。

（三）产能过剩带来较大通缩压力

产能过剩是前期大规模投资的遗留问题。为了抵御国际金融危机对经济的影响，中国在 2008 年以后大规模投资钢铁、煤炭、建材等重资产行业，房地产市场也表现出空前的繁荣。然而实际的市场需求却与这些投资的规模相距甚远，从 2012 年以来的数据可以看到固定资产投资增速先从 25% 左右下降到 20%，又在 2014 年进一步下降到 16% 甚至更低，2015 年全年固定资产投资较 2014 年增长仅为 10%。投资需求的大幅回落和前期投资的陆续达产造成如今产能严重过剩的局面。其中，钢铁、有色金属、建材、煤化工等传统行业和多晶硅、风电设备等部分新兴产业问题严重。在如此供大于求的市场环境下，PPI 的持续下跌也就不足为怪了。自 2015 年年底开始，中央高层多次提到"供给侧结构性改革"，并在经济工作会议上提出 2016 年要"抓好去产能、去库存、去杠杆、降成本、补短板五大任务"。2016 年年初国务院又相继出台了关于化解钢铁、煤炭行业产能过剩的意见，由此来看，未来一段时间，去产能的力度将会进一步加大，供给侧结构性改革值得期待。然而考虑到产能过剩行业大多涉及保就业、稳增长、改善民生等目标，去产能的进程不会很快，因此产能过剩对物价下行的压力还将持续。

（四）企业存量债务规模过大，加深"债务—通缩"循环风险

企业部门的债务工具较多，除了传统的银行贷款，企业还可以通过发行债券进行直接融资，除此之外，非标产品的快速发展也进一步拓宽了企业的融资渠道。企业部门债务规模及债务率远远高于其他部门。2008年企业部门的债务规模约在32.7万亿元①水平，债务率刚刚超过100%，到2015年年底，企业部门的债务率已经接近180%。数据表明，企业部门债务率增长过猛，并且已经大大高于90%的警戒线。

由于企业偿债压力较大，物价下跌、企业利润下滑可能给经济带来更加严重的问题。一方面，在前期的经济刺激政策下，企业负债率激增，而这些企业中有大批

---

① 以存量信用债、非金融性公司、其他部门贷款以及非标债务加总得到，其中信用债包括中期票据、短期融资券、公司债、企业债、中小企业集合债、中小企业集合票据、PPN、中小企业私募债等，非金融性公司及其他部门贷款数据取自央行金融机构信贷收支平衡表。

产能过剩企业，盈利情况较差，借新还旧成为常态；另一方面，受价格因素影响，企业利润增速在逐渐减少，为偿还债务，企业降价倾销的压力不断加大，这又反作用于物价指数，使得利润空间进一步收窄，形成恶性循环。由于市场对企业存在利润下降的预期，不仅投资需求减少，金融系统出于控制坏账率的需要还可能限制企业的融资。面对债务压力和融资困难，企业破产、倒闭的风险进一步加大，失业问题逐渐严峻到可能影响社会稳定。与此同时，物价的下跌还会使以房地产为代表的固定资产加速贬值，届时抵押物价值下降，债权人可能要求追加抵押物，变相增加资产所有者的债务负担，由此可能引发的大规模债务危机将使转型期的中国经济面临衰退的风险。

三 中国债务风险现状与问题分析

2008—2010 年期间，为应对国际金融危机对国内经济造成的冲击，中国政府实施了大规模的经济刺激政策，通过大幅提升投资规模，弥补外需下滑带来的缺口，以避免经济出现快速回落。这使得社会总产能迅速扩张，总供给与总需求进一步失衡。为了平衡这种失衡，政府不得不进一步启动各种"微刺激"，利用信贷投放来增加新投资，利用新投资来填补旧投资带来的产能与供给扩张，中国经济增长模式因此转向"信贷—投资驱动模式"[①]，直接导致国内债务规模迅速增加，债务风险不断累积。其中企业部门的高债务困局尤其值得警惕。本部分在描述了居民部门、政府部门以及企业部门债务现状后，指出中国债务风险集中在非金融企业部门，并在此基础上，从债务人及债权人两个角度分析了企业部门高债务对经济的负面冲击。

---

① 刘元春、毛振华、杨瑞龙：《步入"新常态"攻坚期的中国宏观经济》，《中国宏观经济论坛》2014 年第 4 季度。

(一) 失衡的中国债务结构：信贷—投资增长模式下企业部门积聚了较高的债务风险

数据显示，2008 年银行贷款余额①、债券存量②及非标类债务规模③分别为 32 万亿、11 万亿和 3.8 万亿元，而截止到 2015 年年末，这三类债务规模分别攀升至 99.3 万亿、47.3 万亿和 22.2 万亿元，以上述三类债务规模之和来估算中国的总债务规模，可以看出 2008 年以来中国债务规模以年均超过20％的增长率逐年上涨，债务率也

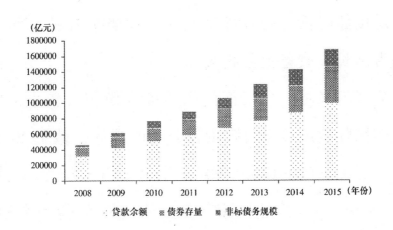

图 5 "信贷—投资驱动模式"下债务规模迅速扩张

---

① 包括本外币贷款余额。
② 不含央票、国际机构债、可转债、分离债。
③ 包括委托贷款、信托贷款以及未贴现票据融资。

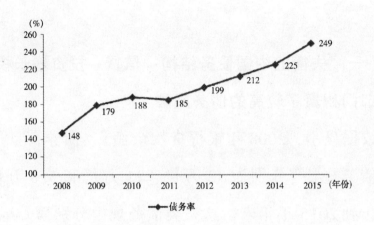

图6 总债务率不断攀升，债务风险不断累积

资料来源：中诚信国际信用评级有限责任公司整理

由 2008 年的 148% 上升至 2015 年的 249%。

居民部门债务规模相对较小，适当加杠杆有利于促进消费增长，改善企业收入

分部门来看，居民部门的债务规模相对较小，根据中诚信国际信用评级有限责任公司的统计，截至 2015 年年底，居民部门的债务余额[①]分别为 27.03 万亿元，债务率为 39.9%，与发达国家普遍高于 50% 的债务率相比，中国居民部门债务率处于相对较低水平（见图7）。

---

① 居民部门债务主要由住户贷款构成，金融部门债务主要是由金融机构发行的债券构成，包括政策性银行债、商业银行债、其他金融机构债、证券公司短期债、证券公司短融等。

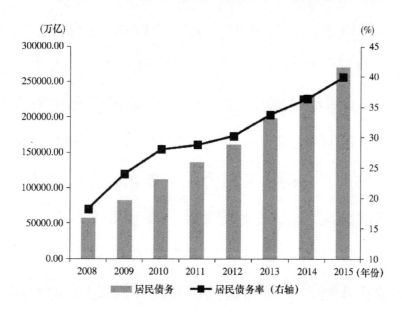

图 7   居民部门债务率不超过 40%

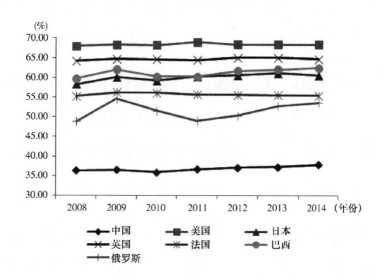

图 8   中国居民消费占 GDP 比例较低

资料来源：中诚信国际信用评级有限责任公司整理

　　长期以来，投资和内需仍然是拉动经济的主要力量，但原有的投资结构需要改变。在投资方面，需要调整投资的主体结构，改变原来的主要依赖国企和国有部门的投资通道的局面，丰富民营投资主体。在需求方面需要形成有收入支撑的消费能力，一是在制度层面改革，需要在初次分配和二次分配兼顾公平和效率问题；二是在微观层面发展消费信贷，增加居民部门的杠杆水平，进而增加企业收入，增加居民消费对中国 GDP 的贡献。数据显示，随着居民收入水平的提高，近年来居民消费占GDP 比例有所提高，但这一比例提升较为缓慢，2014 年居民消费占中国 GDP 比例为 44.6%，仅较 2008 年上升了 8.2 个百分点，且与其他主要国家 50%—70% 的居民消费占比相比，中国居民部门消费在国民生产总值中的占比较低（见图 8）。因此，以消费促增长在中国具有较大的发展潜力。美国是典型的消费拉动增长国家，约三分之二的 GDP 由居民消费贡献，这在很大程度上得益于其发达的消费信贷市场。考虑到中国国内居民债务水平相对较低，发展消费信贷，适当增加居民部门杠杆水平，有利于刺激消费，带动经济增长。除此之外，消费水平的增加，还有利于提高企业产品需求，增加企业收入，提高其偿债能力。

政府部门债务规模适中，地方政府发债置换托底融资平台类企业债务风险

政府部门的债务由中央政府债务及地方政府债务组成。如果仅以利率债及政府支持机构债规模来衡量政府债务，可以看出虽然自 2008 年以来，政府部门债务规模有了较大幅度增长，但债务规模并不高，债务率也较低。

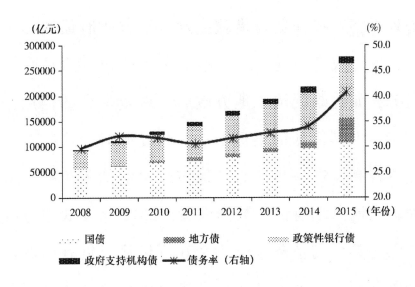

图9　窄口径下的政府债务规模及债务率相对较低

资料来源：中诚信国际信用评级有限责任公司整理

然而，就中国的实际情况而言，政府部门的债务要远比上述情形复杂，除了政府或政府支持性机构直接负有偿还义务的国债、地方债、政策性银行债、铁道债等，还包括部分事业单位、融资平台债务以及通过 BT、融资租赁、垫资施工等方式的项目融资类债务等。考虑到这些因素，政府实际承担的债务负担可能并不低。这尤其体现在地方政府性债务规模上。在分税制财政管理体制下，地方的财政收入并不足以完成相应的支出责任。特别是金融危机以来，以地方政府为主导的投资扩张更使地方政府的资金缺口越来越大。而过去受制于地方政府不得列赤字直接向银行借款或发行地方政府债券的法律规定，地方政府便通过建立融资平台公司等途径间接举借债务，如此既混淆了地方政府与融资平台的信用，又进一步加大其债务的不透明性，与此同时，这些融资工具成本较高，进一步加重了地方政府的债务负担。从已经披露的地方政府债务数据来看，2012 年年底地方政府负有偿还责任的债务余额为 9.6 万亿元，负有担保责任的债务余额为 2.5 万亿元，可能承担救助责任的债务余额为 3.8 万亿元，到 2013 年 6 月底，上述三项债务余额分别为 10.9 万亿元、2.8 万亿元和 4.3 万亿元，而截止到 2014 年年底，仅地方政府负有偿还责任的债务就达到

15.4万亿元[①]，虽然总规模相对可控，但扩张速度较快。加上地方政府的财政信息披露较不完善，又存在债务风险沿着"融资平台——地方政府——中央政府"的链条向上层层传导，透支国家信用，威胁经济整体稳定的系统性风险，近年来地方政府债务风险越来越引起重视。

表1　　　　　　　　　　地方政府债务规模

	地方政府债务（单位/亿元）		
	负有偿还责任债务	负有担保责任债务	可能承担救助责任债务
2012年年底	96281.87	24871.29	37705.16
2013年6月底	108859.17	26655.77	43393.72
2014年年底	154000.00		

资料来源：中诚信国际信用评级有限责任公司整理

　　为解决地方政府债务风险问题，监管部门已经出台了不少政策，包括阶段性审计、控制地方政府融资平台贷款风险、企业债发行分类管理以及允许地方政府"借新还旧"等。除此之外，以剥离地方政府与融资平台之间信用

---

　　① 2015年地方政府债务总限额16万亿元扣除2015年批准新增的0.6万亿元债务后，其余的15.4万亿元即为2014年年末地方政府负有偿还责任的债务。

为核心的地方政府债务改革也正在进行。一方面，针对存量地方政府性债务，通过债务置换方式将短期高息存量债替换成长期低息地方债。2015 年政府工作报告中首次提到安排地方列财政赤字，并陆续推出三批总计 3.2 万亿元的地方政府置换债券，预计未来几年还将继续通过发行地方政府债券，推进地方政府债务置换；另一方面，针对地方政府新增债务，则逐步规范地方政府融资制度，明确政府与企业信用的边界，同时推出地方政府债务限额管理制度，以促使地方政府举债规模、结构、使用和偿还等信息更加透明化。这些措施有利于加强对地方政府债务风险的管理，暂时缓解了地方政府债务风险，预计短期内政府部门的债务风险相对可控。而考虑到在地方政府允许发债之前，其债务形式主要表现为融资平台类债务，这些举措实际也是缓释融资平台类企业债务风险。

非金融企业部门债务规模高企，继续大规模加杠杆可能威胁宏观经济稳定

中国国内债务风险主要集中在非金融企业部门[①]。这既与中国的金融体系结构相关，在一定程度上也是政府为

---

① 以下简称企业部门。

应对 2008 年金融危机冲击实施的大规模刺激政策留下的后遗症。在国内，股权市场相对不发达，企业外部融资主要依靠贷款或发行债券等债务形式，其中贷款更是占据了较大比例，因此商业银行信贷的松紧在很大程度上左右了企业债务规模的扩张情况。金融危机后，中国快速出台大规模经济刺激计划，形成了"中央财政资金先期进入，地方财政资金立即配套，商业银行贷款大幅跟进"的资金配置模式，导致信贷大规模扩张，直接造成非金融企业部门债务规模的快速增长。由此可见，与美国通过政府和货币当局的资产负债表扩张来对冲企业和居民部门去杠杆所造成的总需求萎缩不同，在金融危机后，中国的企业不仅没有进行资产负债表修复，反而是以特有的机制参与了由政府主导的反危机调控，快速扩张了自身的负债。2008 年以来中国企业部门债务规模及债务率迅速攀升，远远高于其他部门。数据显示，2008 年企业部门的债务规模①约为31.5 万亿，债务率刚刚超过 100%，到 2015 年年底，该部门的债务率已经达到 156%。这一债务率水平不仅远远

---

① 以存量信用债、非金融性公司和其他部门贷款、非标债务加总得到，其中信用债包括中期票据、短期融资券、公司债、企业债、中小企业集合债、中小企业集合票据、PPN、中小企业私募债等，非金融性公司及其他部门贷款数据取自央行金融机构信贷收支平衡表。

超过国际警戒线（标准为90%），同时也大大高于其他国家同部门的债务率水平。

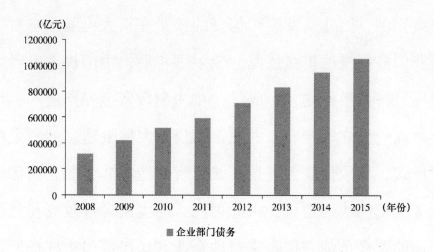

图10　非金融企业部门债务规模快速增长

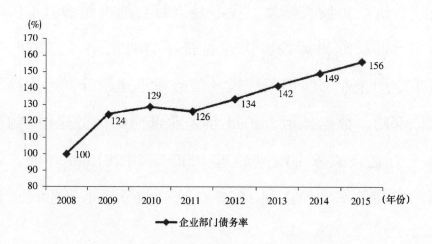

图11　企业部门债务率远远超过90%警戒线

资料来源：中诚信国际信用评级有限责任公司整理

在企业部门债务规模不断扩大，债务率快速攀升的同时，国内资本市场却长期维持着刚性兑付。在信贷市场上，一部分债务人通过贷款展期或借新还旧保证原有债务持续滚动，而在债券市场上，2014年"11超日债"违约以前，当发行人无力偿还所发行债券时，或由担保公司代偿，或在政府主导下，由银行或承销商替企业偿付，或者通过财政拨款的形式偿还，最终也保持着"零违约"的神话。如此，债务风险未能及时释放，反而不断累积，成为威胁企业和宏观经济发展的不稳定因素。如果继续大规模加杠杆，任由企业部门债务规模进一步膨胀，一旦资金面出现变化，或者经济增长赶不上偿债速度，则债务风险可能大面积爆发，威胁系统性经济金融安全。

（二）高债务负担影响企业经营，限制新增投资，拖累宏观经济陷入"债务—通缩"循环

近年来，随着经济进入"新常态"，GDP增速持续下滑，实体经济越来越难以承受体量过大的债务规模。企业部门积聚的债务风险对企业发展乃至宏观经济的负面影响已经有所体现。

投资回报率下降，财务杠杆理论失效；工业绩效指标持续恶化，行业风险显著上升

财务杠杆理论认为，由于企业所得税的存在，债务资本的优势是借款的利息可以作为费用在税前扣除，因而企业可以少交一部分所得税。这部分由于利息费用的存在而减少的支出就会使企业的价值增加，即企业的债务数越大，利息费用在企业总费用中所占的比例也就越大，可以在税前抵扣的费用越多，由于税盾价值的增加，企业的价值也随之增大。因此，现代企业可以利用负债的杠杆作用获取节税利益，进而增加企业价值。然而随着负债的增加，企业的财务风险也会越来越大，一旦投资回报率小于负债利率，债务杠杆就会产生负效应，导致利润难以覆盖利息，甚至出现财务危机。

从中国国内情况来看，金融危机以来的刺激政策使得投资边际收益大幅下降。2008 年金融危机前，中国资本形成总额与 GDP 之比平均达到 37%，其中，2001—2007 年中国资本形成总额与 GDP 之比为 40%，远高于全球平均水平。2008—2012 年，政府采取了大规模刺激政策，使这个比率进一步提高到 47%。资本形成与 GDP 之比上升，同时伴随 GDP 增速的显著下降，结果是每增

加 1 单位产出所需要的新增投资（边际资本产出比，简称 ICOR）迅速上升。从国际标准看，ICOR 一般在 3 左右，中国金融危机之前是 3.5—4，金融危机之后陡然上升，2012 年以来已经超过 6。金融危机以后中国每增加 1 单位产出所需要的新增资本大幅增加，意味着投资回报很低。对于存量债务较高的企业来说，这将大大降低企业的偿债能力。

高负债对企业带来的经营压力已经有所体现。一方面，高负债加大了企业的再融资风险。伴随着经济下行压力持续加大、市场信用风险整体抬升，银行等金融机构风险偏好下降，对企业的资金支持明显收紧，这使得企业经营雪上加霜，偿债能力进一步恶化。2014 年以来已经出现较多企业因银行抽贷而导致资金链断裂，经营难以为继的情况。另一方面，大规模债务加重企业利息支付负担，压缩企业经营利润，绩效指标持续恶化。据估算，企业支付的债务利息占 GDP 比重已经从 2011 年的 9.03% 提高到了 2015 年的 12.53%，进一步计算可以发现，2015 年企业需要支付的债务利息就高达 8.5 万亿元（陈彦斌、陈小亮，2015）。伴随着偿债负担的加重以及投资收益的下降，越来越多的企业利润大幅下滑，出现亏损甚至破产情况。

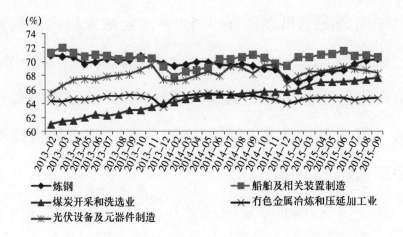

图12　产能过剩行业资产负债率高企

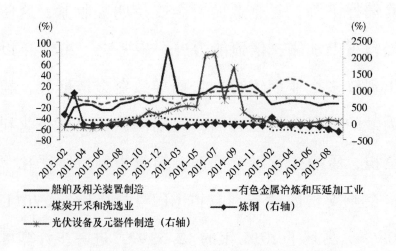

图13　产能过剩行业利润率大幅下滑或剧烈波动

资料来源：中诚信国际信用评级有限责任公司整理

从行业上看，煤炭、钢铁、光伏、船舶、有色金属等产能过剩行业的资产负债率持续上升，已经接近或超过70%，高负债经营下，这些行业的利润增长率或大幅下滑，或剧烈波动，行业风险日益加重。

存量债务循环挤占金融资源，抑制新增投资

债务规模高企意味着每年将有大量资金用于还本付息。以债券市场为例，2008年以来，在信用债不断攀升的同时，每年用于还本付息的资金量也在逐渐增加，且在新发债中的占比有扩大趋势。2008年，信用债还本付息规模在总发行规模中的占比为39%，而2015年，这一比例已经上升至62%。大量新增资金用于借新还旧以维持债务不违约，使得用于新投资的资金相对减少。与此同时，对于新增融资，由于企业的偿债能力弱化，加上金融市场融资条件限制，实际融资成本也不断提高。企业债务负担过重不仅给企业带来巨大的财务成本，而且可能会消耗企业大量的自有资本，在这种情况下，企业即使面临良好的投资机会，也只能望而却步，影响企业的正常经营和发展。

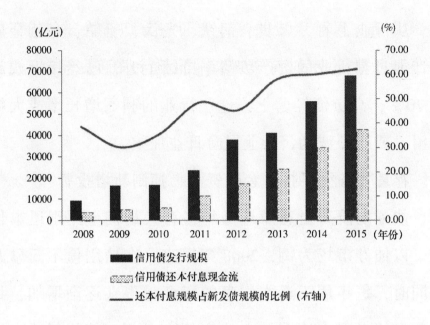

（亿元）　　　　　　　　　　　　　　　　　　　　　　　　　　　　（%）

■ 信用债发行规模

▨ 信用债还本付息现金流

—— 还本付息规模占新发债规模的比例（右轴）

图 14　大量资金用于已有债务的付息

资料来源：中诚信国际信用评级有限责任公司整理

生产领域通缩叠加企业沉重债务负担，宏观经济可能陷入"债务—通缩"循环

根据经济增长理论，实际利率与经济增长率之间应该是正相关。在宏观经济增速放缓的背景下，出于对经济的悲观预期，市场上的投资行为相对谨慎，投资需求减少，资金需求相对于资金供给的收缩就会使市场均衡利率降低。而利率的降低又会刺激投资需求，从而带动经济恢复增长。然而，当宏观经济同时面临高债务与通货紧缩风险之时，上述经济的自动稳定器机制就会失灵，

经济容易陷入费雪所提出的"债务—通缩"恶性循环。在"债务—通缩"的恶性循环机制中，过度负债是经济盛极而衰的转折点。当经济体债务存量累积到一定程度后，债务的"泡沫"破灭，债务人将面临债务清算，表现形式为银行遭遇挤兑或无法再融资，企业与个人无法实现债务展期，此时往往只能通过大幅抛售资产来偿还债务。这会导致银行收紧信贷，企业减少投资，家庭缩减消费，进一步引起货币流通速度与价格水平的下降，进而导致需求下滑，利润下降，产出与就业减少。严重时，会发生大规模破产，经济整体的信心崩溃，并陷入"生产者价格（PPI）收缩—实际利率上升—负债恶化—经济进一步收缩"的恶性循环，将经济拖入萧条。

高债务率和通货紧缩目前在中国经济中均有所体现，一方面，企业部门债务率已经远远超过警戒线，另一方面，自 2012 年 3 月以来，中国 PPI 同比增速已经连续 48 个月负增长。尽管债务违约尚未大面积爆发，经济也尚未陷入"债务—通缩"恶性循环，但如果债务规模继续膨胀，债务风险继续累积，通货紧缩趋势也未能及时扭转，则一旦偿债速度赶不上物价下跌速度，此前形成的债务泡沫将不可避免地破灭，并使经济陷入恶性循环。

由此来看，企业部门降杠杆和遏制生产领域的持续通缩都是现阶段中国经济从宏观层面需要解决的重要问题。

（三）债务风险由下向上逐步传导，金融机构持有资产风险飙升

经济处在"债务—通缩"循环的边缘，企业部门日益恶化的经营环境加大了企业债务的违约风险，而债权人的资产风险恰恰与作为债务人的企业的违约风险息息相关，一旦债务人的资金链断裂，债权人也可能面临资产损失。在中国，大部分债权人是商业银行或其他非银行金融机构，随着债务风险在债务链条中由下向上地逐步传导，金融机构持有资产的风险也一路飙升，这会对整个金融体系的稳定性造成威胁。由于企业债务主要来源于银行贷款、债券融资以及各种非标类债务，从债权人的角度来看，高负债企业的偿债风险的传导则主要表现为三个方面：企业贷款逾期推升商业银行不良贷款率、未有效隔离的违约债券风险向债权人直接传递以及信托类产品违约带来信用风险交叉传导。

企业银行贷款逾期率较高，推升商业银行不良贷款率

商业银行贷款是企业资金尤其是中小企业资金的重

要来源，尽管近年来银行贷款占企业债务的比重逐渐下降，但截至 2015 年年末，银行贷款占比仍接近 60%。商业银行为企业经营投入大量资金，一方面是为适应监管部门对于银行业支持实体经济发展、加大对特定行业以及中小企业的扶持力度的要求，另一方面也是商业银行自身业务发展的需要。在这样的背景下，企业经营困难所带来的大量逾期贷款拉低了银行资产质量，导致了不良贷款率的快速上升。目前不良贷款的重灾区集中于制造业企业、批发零售业企业以及其他各个行业的中小企业。据银监会数据显示，商业银行不良贷款率从 2012 年开始逐步上升，2013 年第 4 季度开始增速明显加快（见图 15）。截至 2015 年年末，全国商业银行不良贷款率为 1.67%，较 2014 年年末高出 0.25 个百分点。分机构来看，受企业经营困境影响最大的是各地的农商行，一般情况下，农商行的贷款利率会普遍高于其他类型的银行，能够在一定程度上弥补不良贷款率，但是在经济下行压力下，农商行所服务的小微或"三农"企业经济效益快速下降，导致农商行贷款质量水平明显降低。截至 2015 年年末，农商行不良贷款率高达 2.48%，而国有商业银行、股份制商业银行和外资银行的不良贷款率分别为

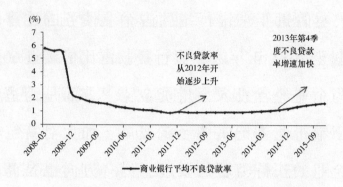

图15　近几年全国商业银行不良贷款率逐步上升

说明：不良贷款率从2012年开始逐步上升，2013年第4度季开始增速加快

资料来源：中诚信国际信用评级有限责任公司整理

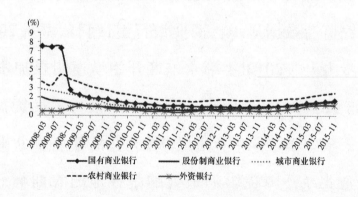

图16　农村商业银行不良贷款率较高

资料来源：中诚信国际信用评级有限责任公司整理

1.66%、1.53%和1.15%（见图16）。另外，从不良贷款的先行指标来看，2015年年末关注类贷款较年初增加37%，预计未来一段时间不良贷款率上升的压力仍然较

大，银行业资产风险或持续上升。

违约债券退出机制仍待完善，债权人利益未得到有效保障

随着企业部门债务规模的不断累积，其债务风险也开始暴露。其中债券市场信用风险的释放尤其引起市场关注。这一方面是由于债券市场相对于贷款及非标债务相对公开，另一方面也在于在超日债违约之前，中国债券市场上并没有真正意义的违约，刚性兑付长期存在。

从历史记录来看，由于中国债券市场发展较晚，并且早期债券的发行人往往是信用资质较好的大型国有企业，因此当时市场的信用风险并不明显，只有 2006 年的"福禧事件"曾在短时间内引起市场的波澜，并随着它的如期兑付而回归平静。为了推动资本市场更好地服务于实体经济，债券市场在 2005 年以后得到了快速的发展，越来越多的企业加入债务融资的队伍中去，从国有企业、大型企业逐步发展到民营企业、中小企业，使得债券发行人的信用水平逐渐下沉。如此，在债券市场发展壮大的同时，风险也逐渐积累。此外自 2011 年第 2 季度以来中国经济增速不断下行，部分企业经营状况持续恶化，信用风险进一步加深。在这样的背景下，自 2006

年以来一直悄无声息的违约风险在 2011 年以后慢慢浮出水面。具体来看，以"11 超日债"违约为界，2011 年以后债券市场的信用风险释放大致分为两个阶段：第一阶段，从 2011 年年底至"11 超日债"违约，债券市场由零违约向实质违约过渡，信用风险释放主要表现为信用事件频发，级别下调增多。2011 年年底，"11 海龙 CP01"的发行人山东海龙股份有限公司由于所在的纺织行业不景气加之公司运营不稳定，巨亏 10.02 亿元，资金链极度紧张，甚至发展到资不抵债的程度，债券兑付压力极大。公司的主体级别被降为 CCC 级，债券自身也被降至 C 级，成为债券市场自"福禧事件"以来最接近实质违约的一次风险事件。在接下来的 2012 年里，受番茄制品行业产能过剩、产品价格持续低迷影响，新疆中基实业股份有限公司也面临着持续亏损，贷款逾期，无力偿还到期债券等问题，遭到信用评级下调。同样在 2012 年，受光伏行业不景气影响，无锡尚德、江西赛维等公司纷纷暴露出负债率超高、还款压力巨大等问题，随之而来就是财务情况的持续恶化和信用等级的连续下调，到期债券难以偿还。另外，部分中小企业集合债券、集合票据发行人也因种种原因无法偿付债券利息或者本金，纷纷发生主体违约情况，包括高力彩钢、惠佳贝及地杰通信等多家中小企业发行的债券最终或由担保人代偿或发生提前偿付。到了 2013 年，同样属于光伏行业的上海超日太阳能科技股份有限公司发行的"11 超日债"在 3 月份第一次付息时就经历了一定的风波，虽然最终利息如期支付，但信用等级却遭遇连续下调。而整个 2013 年，主体级别下调比例占评级调整的 26%，较 2012 年翻了一番，同时展望主体被调为负面或列入信用观察名单的次数占比，更是接近总数的三分之二，债券市场信用风险波及的范围进一步扩大。2014 年第 1 季度，资本市场兑付危机进一步增多。先是上海同捷科技股份有限公司面对即将到期的 1.054 亿元中小企业集合票据本息，迟迟筹集不到偿债资金；紧接着，"11 常州中小债"的发行人之一——常州永泰丰化工有限公司宣布停止经营并申请重整，由反担保企业代偿即将到期的 3689 万元债券本息，成为 2014 年债券市场首个违约主体；直至 3 月 5 日中小板上市公司＊ST 超日发行的"11 超日债"无法全额支付利息，最终打破了债市零违约的纪录，成为国内债券市场第一个债项违约事件。

第二阶段为"11 超日债"违约至今，债券市场信用及违约事件进一步增多，逐步向违约常态化过渡。超日债违约后不久，中小企业私募债市场便接连被曝出两起兑付危机事件：2014 年 3 月底，"13 中森债"出现利息支付违约，最终企业设法自偿，避免了投资人受损；紧接着"12 华特斯"发行人向法院申请破产重组的消息也浮出水面，该只债券的本息支付相应地也面临极大不确定性，中小企业私募债再次成为市场关注的违约焦点。7 月中下旬以来，市场上陆续又发生了多起主体与债项违约事件，其中"11 江苏 SMECN1"发行人之一江苏恒顺达与"13 华通路桥 CP001"发行人华通路桥公司在预警债券兑付出现困难后，最终前者由担保公司代偿，后者在地方政府协调下也如期偿付，避免了债项实质性违约，而包括天津市天联滨海复合材料有限公司（以下简称"天联滨海"）、湖州金泰科技股份有限公司（以下简称"金泰科技"）以及华珠泉州鞋业有限公司（以下简称"华珠鞋业"）等三家民营企业发行的 4 只中小企业私募债则均发生利息或本金的实质性违约。

　　2015 年，信用违约事件进一步增多，从券种来看，2015 年信用风险由私募债领域向公募债领域蔓延的趋势进一步加快，2014 年信用事件所波及的 11 只债券除包括短融1只和公司债2只外，其余均为中小企业发行的中小企业私募债、集合债以及集合票据，而2015年共有5只由中小企业发行的债券暴露出信用风险并发生实质性违约，且违约时间主要集中在年初，之后公募的中期票据、企业债、公司债、短融以及超短融陆续暴露信用风险，除短融之外以上公募债各券种均有实质违约的发生。另外，信用风险涉及的企业主体类型也不再局限于中小企业和民营企业，诸如天威、二重这样的央企集团以及部分地方国企也不再安全，截至2015年年底被曝出兑付危机的国企债券就已达到8只，与此同时一些上市公司的信用风险也开始加速暴露，其中包括珠海中富集团等曾在行业内处于领先地位的大型上市企业。进入2016年，信用风险的释放更是明显加快，年初发生的兑付危机事件已经超过10起，其中有7起发生实质性违约，除了在2015年已有违约或兑付危机先例的保定天威、山东山水、广西有色、南京雨润等企业，还包括亚邦集团、云峰集团、淄博宏达等三家企业。除此之外，重汽集团及青岛三特这两家企业发行的集合票据最终也是由担保及增信公司代为偿付。而伴随着违约事件的增多，违约后越来越难以全额清偿。截至目前，"11超日债""ST

湘鄂债""12 中富 01""15 亚邦 CP001""15 宏达 CP001"完成偿付,"08 二重债""12 二重 MTN001"由国机集团接盘,"10 中钢债"延续回售及支付利息,"12 苏飞达"债务重组后未回售部分利率下调,其他违约债券均未全额兑付,违约损失尚难估计。

总结来看,在"11 超日债"违约之前发生的信用事件,虽然待偿本息最终或由地方政府与银行出手相助,或由担保公司代偿,使得债项本身没有出现违约,但是理性的市场分析者应该意识到兑付危机的频繁出现意味着市场的违约风险已经开始逐渐释放,而无论是市场规模的扩大还是制度的完善都决定了政府出面的兜底行为不可能一直持续下去。超日违约之后发生的一系列违约事件则进一步表明,债券市场风险释放已经进入违约主体和品种多元化的新阶段,违约的品种已经由私募扩展到公募,违约主体也不再局限于中小企业及民营企业,同时违约后的发生损失的概率及规模也逐步增大。随着去产能进程的加快,以及供给侧结构性改革的实质推进,预计未来几年信用风险仍将持续释放,违约及损失都或将继续扩大。

从企业性质来看,虽然中小企业是市场风险较高的债务主体，近年来的信用和违约事件也多集中在这类企业中，但是由于其市场化程度较高，且债务规模占比较小，因此对市场的影响有限，并不容易引起市场的剧烈反应。与之相反，包括融资平台在内的国有企业债务，虽然短时间信用风险没有中小企业暴露得明显，但由于其规模占比大，牵扯到金融市场的方方面面，同时因其背靠政府信用，对市场信心有重大影响，因此如果国有企业债务偿付危机爆发对市场的影响可能会更大。2014年部分国有企业暴露出的贷款逾期问题已经揭开了国有企业信用风险的一角，但由于信贷市场的非公开性质，这一问题的暴露并未产生让资本市场发生震动的影响。2015年首例国有企业债券违约的发生则让全市场的目光都聚焦在规模庞大的国有企业债务问题上。国有企业大多集中在资本密集型和资源垄断型行业中，近年来由于需求不足、产能过剩和经济结构转型带来的经营压力让部分重资本的国有企业债务负担持续增加，杠杆率有增无减，已经积累了较高的债务风险，其中煤炭、钢铁、重型机械等行业更是重灾区。

从债权人的角度来看，债务人违约可能在资金链引发连锁反应，进一步加大债权人所负担债务的偿付风险。一方面，尽管有大部分债券在发行时有特定的资产抵押或第三方担保，但这些保障措施也很有可能失效。目前债券市场已发生过债券到期后担保方不代偿的情况，如2015年初中小企业私募债"12东飞债"的担保方对担保责任予以否认，2014年违约的中小企业私募债"13中森债"也在有担保的情况下最终由发行人自己完成清偿。另一方面，从当前违约债券的偿付方式上看，债券市场违约退出机制仍不够完善，部分债券到期后采取降低利息以及延期支付的方式，这已经给债权人带来了实际的损失，如"12苏飞达"下调未回售部分债券利率以及"10中钢债"延长回售登记期，即便这些违约债券最终得到兑付，债权人也并未按照原有协议获得全额清偿，债权人的利益未得到有效保障，增加了其资产损失的风险。

实体经济低迷叠加伞形信托清理，信托类产品兑付危机频现

2014年开始，信托市场迎来集中兑付的高峰期，信托产品兑付风险事件和违约事件屡屡发生。信托业信用风险的陆续暴露主要是受到实体经济持续低迷和监管政策改革的影响。一方面，由于信托产品设计复杂、信用链条较长，其风险监管的难度较大。2015年2月份证监会打击场外配资，对伞形信托进行清理，这导致众多信托产品提前清盘，给投资者造成损失；另一方面，从信托资产的投向上看，信托业资金主要流向五大领域：工商企业、基础产业、证券投资、金融机构和房地产业，其中工商企业、基础产业以及房地产业三类实体经济部门所占比重一直较大，2015 年第 4 季度合计占比超过信托资产总量的 50%，因而在经济下行周期中，向实体产业的信托类产品收益正在走低，必然会推升信托业所面临的风险。从投资者的角度来看，当前信托业杠杆积累过高，信托公司的杠杆率远超安全支付能力，并且信托产品涉及的投资者范围较广，一旦发生违约，将会导致信用风险的交叉传导，更多投资者持有的信托资产将遭受损失。

总的来看，企业部门作为经济活动的重要主体，其高债务的现状不仅影响其自身的正常经营和业务发展，从而让经济复苏举步维艰，还可能叠加通缩风险拖累宏观经济整体陷入"债务—通缩"的恶性循环直至萧条，更可能由于债务逾期和违约的风险逐渐加大，让持有其债务的金融机构的资产质量迅速下降，不良率大幅上升，出现坏账的可能性增加，致使金融机构在利率市场化的大背景下面临资产和总利润的损失。不难看出，金融机构在企业债务风险上升的情况下，为了降低坏账，风险偏好降低，更有收缩信贷的动力，反过来继续减少企业可能获得的偿债现金流，进一步推升债务风险。如此往复金融系统运行可能失灵，企业更难以为继，经济增长则可能面临深度探底的风险。因此，解决企业部门高债务问题毫无疑问应是当前经济工作的核心之一。

四　当前应对债务问题的政策梳理与分析

考虑到宏观经济运行处于增长速度换挡期、结构调整阵痛期、前期刺激政策消化期"三期叠加"的新阶段，如果不能及时有效地处理债务隐患问题，则很容易引发系统性危机。在这一部分，我们将结合第三部分总结的中国债务风险点，梳理近年来监管层为治理问题而出台的相关的政策，分析这些政策实施的原因及影响；同时，我们还探讨了当前是否具备政策发挥作用的客观条件，以及在政策选择过程中的多种问题。

（一）应对债务问题的政策梳理

发展资产支持证券，转移银行承担的信贷风险

早在 2005 年中国就开始进行信贷资产证券探索，但 2008 年下半年国际金融危机爆发，又使得中国国内资产证券化业务一度停滞。2012 年 5 月，银监会和央行发布《关于进一步扩大信贷资产证券化试点有关事项的通知》，标志着银行间市场资产证券化的重启，自此之后，监管层不断出台支持政策推动资产支持证券发展。这些

政策包括扩大资产支持证券产品的试点额度、简化资产
支持证券产品的发行流程、增加资产支持证券的基础资
产，等等。

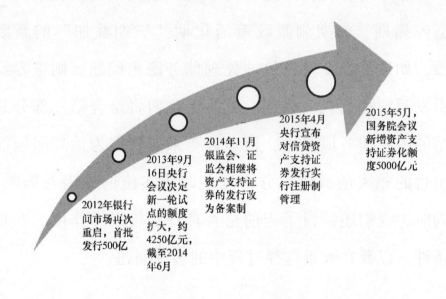

2012年银行间市场再次重启，首批发行500亿

2013年9月16日央行会议决定新一轮试点的额度扩大，约4250亿元，截至2014年6月

2014年11月银监会、证监会相继将资产支持证券的发行改为备案制

2015年4月央行宣布对信贷资产支持证券发行实行注册制管理

2015年5月，国务院会议新增资产支持证券化额度5000亿元

图17　资产支持证券化主要政策

资料来源：中诚信国际信用评级有限责任公司整理

受益于政府的支持政策，信贷资产支持证券迅速发
展，2012年和2013年分别发行了245亿元和197亿元，
而到2014年发行额激增至2906亿元。2015年国务院进
一步增加了资产支持证券产品额度，同时资产支持证券
化产品的发行也均已经改为注册或备案制，新发信贷资
产支持证券规模进一步上升至超过4000亿元。从基础资

产类型来看，随着 2014 年发行数量的大幅增长，基础资产类型也更加丰富和多元，但是对公贷款证券化产品（CLO）仍是最主流的产品。

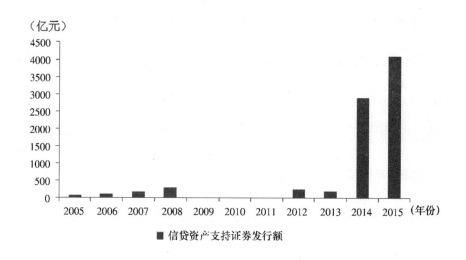

图 18　2014 年以来资产证券化产品规模大幅扩张

我们已经知道，无论是间接融资方式下的贷款损失风险，还是直接融资方式下的债券违约风险，银行均是主要的承担方。随着信贷规模以及债券市场的不断发展壮大，银行体系内部积累的债务风险也越来越大。考虑到国内资产证券化产品大多以对公贷款为基础资产，发展资产支持证券可以实现将资产池内信贷资产从商业银行的资产负债表中移出，并实现风险的转移。将证券化的信贷资产投入市场，让风险承受能力不同的投资机构或个人可以自由地匹配风险与收益，在丰富了市场的投资品种的同时，更降低了银行集中承担债务风险而爆发危机的可能。除此之外，商业银行还可以通过资产证券化释放部分信贷资产，降低银行存贷比，缓解资本金压力，并可以将长期贷款提前变现，盘活存量贷款，加快信贷资产周转速度，增加资金使用效率，增强其抵抗风险的能力。

打破刚性兑付、鼓励兼并重组

企业部门的债务率过高是中国债务风险的核心问题。在对待企业债务问题方面，中国国内长期以政府救济为主，国内债券市场长久以来上演的"零违约"神话，实际依赖于政府对债务的兜底。然而刚性兑付的存在，既造成一部分债务人盲目扩张负债，债务负担不断加重，超过自身所能负担的范围，又使得一些投资者无视债务风险，一味追求高收益，导致债务风险不断积累。近年来随着经济增速的回落，一些企业经营形势不断恶化，债务偿还能力逐步削弱，债务风险也开始逐步暴露。在这种情况下，如果继续对债务风险进行兜底，不仅不利于风险的化解，反而容易引发系统性危机。

　　从最近两年发生的一系列违约事件可以看出，政府在处理企业债务问题上已经有所转变：从单纯兜底风险到逐步提高违约容忍度，从打破民营企业刚性兑付到允许部分国有企业违约清算。在超日违约后，央行就提出要"有序打破刚性兑付"，李克强总理在2015年两会期间又进一步表示，"允许个案性金融风险的发生，按市场化的原则进行清算"。由此可见，随着债务风险的逐步加深，政府可能会逐步减少对市场的干预，通过违约释放一部分企业的债务风险，采用市场化的方式解决企业债务问题。

　　不过考虑到债务风险积累较深，完全通过违约、破产、清算等市场化方式释放出来，可能会对市场造成重大冲击，引发系统性危机。特别是一些国有企业，因承担较重的人员、社会责任，完全市场化的债务解决方式可能会威胁到当地社会经济的稳定。因此短期内违约事件的发生将更多集中在一些对市场系统性风险影响不大的民营企业或受政策支持力度下降的国有企业中，释放出来的风险也较为有限。由于企业债务风险问题突出表现为一些产能过剩行业内企业的债务负担过重，因此通过去杠杆、控制产能过剩行业债务规模的方式来降低企业债务率也是监管层治理企业部门债务问题的主要对策，具体包括限制对产能过剩行业贷款、抬高产能过剩企业发债门槛等。除此之外，政府还鼓励企业兼并重组，淘汰过剩、落后产能，将已有资源进行整合并有效地利用起来，以提高企业经营能力，减缓债务风险。

降成本、扩渠道、剥离政府与企业信用，缓解地方政府债务风险

在"三期叠加"的宏观背景下，短期内基建投资仍将成为拉动中国经济增长的主要动力。妥善解决地方政府债务问题，对稳定经济增长及防范系统性危机发生具有重要意义。过去几年里，为解决地方政府债务风险问题，监管部门已经出台了不少政策，包括阶段性审计、控制地方政府融资平台贷款风险、企业债发行分类管理以及允许地方政府"借新还旧"，等等，这些措施一定程度上延缓了地方政府债务偿付问题，但仍未能解决地方政府债务的不透明性以及其与融资平台信用混淆的问题。2014 年以来，以地方政府与融资平台之间信用为核心的地方政府债务改革终于拉开帷幕。从近两年的政策来看，监管机构处理地方政府债务的政策大致包括以下几个方面：

（1）进行债务甄别，明确存量地方政府债务规模。2014 年 10 月下旬财政部印发 351 号文，要求各个省级财政部门展开债务甄别工作，并于 2015 年 1 月 5 日前将本地区政府存量债务清理甄别结果上报财政部。延续上述政策，2015 年以来，先是 1 月底财政部针对各省上报的结果，下发了《关于开展地方政府存量债务初步清理甄别结果自查工作的通知》（以下简称《自查通知》），要求各地严格按照 2013 年政府性债务审计口径和财政部 351 号文要求，对初步清理甄别结果组织开展自查。接着在 3 月中旬，在各地上报债务甄别自查结果后，财政部、发改委、中国人民银行、银监会又联合发文《关于开展地方政府存量债务清理甄别初步结果核查工作的通知》，对地方政府直接债务进行分工核查。此后，海南等个别省份公布了债务甄别结果。到 2015 年 8 月底，人大常委会通过了《国务院关于提请审议批准 2015 年地方政府债务限额的议案》，备受关注的地方债务甄别数据正式揭开面纱：截至 2014 年年底，政府直接负有偿还责任的债务规模为 15.4 万亿元，政府负有担保责任和可能承担一定救助责任的债务则为 8.6 万亿元。

（2）存量债务置换，缓解债务风险，降低债务负担。

在债务甄别自查、核查过程中，应对存量地方政府债务风险的具体措施也逐步明朗化：2015 年 3 月初，财政部下达地方存量债务 1 万亿元置换债券额度，允许地方把一部分到期高成本债务转换成地方政府债券，置换范围是 2013 年政府性债务审计确定截至 2013 年 6 月 30 日的地方政府负有偿还责任的存量债务中 2015 年到期需要偿还的部分。此后在 6 月上旬以及 8 月下旬又陆续推出第二批、第三批债务置换，额度分别为 1 万亿元及 1.2 万亿元。为了配合债务置换，缓解大量地方债发行给债券市场带来的供给压力，监管机构提高全国社保基金对企业债和地方政府债券投资比例，并通过降准向市场释放资金，助力存量债务置换。另一方面为了提高银行等机构的配置动力，监管机构先于 5 月初推出地方政府债务置换定向发行政策，以降低地方债务置换阻力，后又于 7 月中旬明确将地方政府债券纳入中央国库现金管理和地方现金管理质押品范围，银行可以将其持有的地方政府债质押给央行以获得资金，从而将配置地方债所占用的资金再次释放，这些政策在提高银行配置热情的同时也降低了地方债集中发行对市场造成的冲击，为地方债的顺利发行提供了保障。存量债务置换通过将短期高息存量债替换成长期低息的地方债，可有效降低地方政府未来的利息支出负担，与此同时还能部分缓解当前地方政府面临的债务集中到期偿还问题，减轻短期债务违约风险。债务置换实际上是将原来表面看来属于企业部门、但实际依托的却是地方政府信用的债务明确界定为地方政府债，与43号文要求"规范政府举债融资制度，明确划清政府与企业界限"的政策思路一脉相承。预计已经清理甄别出的地方政府债务可能将陆续置换成地方债。

（3）规范地方政府融资制度，剥离企业与政府信用。从2014年5月下旬开始，各主要监管机构就不断强调要"规范政府举债融资制度，剥离融资平台公司政府融资职能，明确划清政府与企业界限"。在这些政策思路的指导下，2014年，上海、广东、浙江、深圳、江苏、山东、北京、青岛、宁夏、江西十省市开始试点自发自还政府债券。2015年监管部门进一步将自发自还政府债券推广到全国。政府债券的推出，在明确自身政府信用的同时，更重要的是脱掉了部分非政府债券过去拥有的变相无风险资产的外衣，有望纠正无风险利率的扭曲，进而配合货币政策的实施，促进社会融资成本的降低。这种融资方式也使得地方政府债务更加透明化、阳光化，并且通过引进信用评级、信息披露等市场化约束，可以加强对地方政府债务的发行和管理，对政府举债行为建立正向激励约束机制，削弱以往地方政府债务不透明性带给经济运行的隐患。除此之外，监管部门还大力推广公私合营（PPP）模式，鼓励企业发行项目收益债、永续债等创新品种，进一步拓宽地方政府融资渠道，替代通过融资平台进行融资的这一模式。自 2014 年以来，国务院以及相关部委密集出台了多项政策文件，以推动和引导 PPP 模式的发展，各地政府也给予了积极的回应，相继推出一大批 PPP 模式示范和试点项目。国家大力推广 PPP 的初衷是引入社会资本参与公共服务，这除了有利于解决政府债务和财政新增投资的压力外，长期来看还有助于优化公共服务领域的投资决策机制，建立公共服务产品领域规范的公私合作供给模式。

回顾近两年来的政策可以看出，解决债务问题的思路大体分为两条线：一是降低债务风险承担者的集中性，二是从风险源头让债务从盲目增长转向有序扩张。就风险承担方而言，债务风险集中在银行体系内，对金融体系的稳定性造成了潜在的威胁，通过发展资产证券化产品，将一些信贷资产从银行的资产负债表内剥离，出售给其他投资者，可以转移部分风险。不过，由于中国国内资产证券化的发展尚处于初级阶段，基础资产多为一些优质的信贷资产，高风险资产占比较少，且监管对发起人持有次级资产有一定的比例要求，同时银行之间护持证券化产品现象较为普遍，因此短时间内实际通过证券化转移出去的风险较为有限。尽管如此，资产证券化仍为银行机构转移信贷风险指明了方向，未来随着证券化产品的深入发展，其有望成为银行转移风险的重要工具。就风险来源方而言，债务风险主要来自于地方政府部门和企业部门。这一方面在于近年来这两个部门的债务规模扩张较快，债务率已经超过国际警戒线，另一方面企业与政府信用混淆不清，又使得这两个部门紧紧捆绑在一起，一旦企业债务风险恶化，将极易扩散至政府部门。因而在解决这两个部门债务风险方面，一方面要遏制过快增长的债务规模，另一方面要划清政府与企业边界，剥离二者信用。而考虑到债务风险积聚较深，政府采取了释放与缓解风险并重的政策，既通过违约释放一部分企业债务风险，又通过存量债务置换缓解大量债务到期带来的流动性风险。与此同时，应当规范地方政府融资方式，明确地方债的政府信用地位，切断政府信用在企业债务上的延伸，最终逐渐实现让政府的归政府，让市场的归市场。

（二）政策实施条件分析与政策选择问题

在梳理了政府应对债务问题出台的主要政策之后，我们还有必要考察上述政策想要发挥作用所需要的客观条件是否具备，尤其是在宏观经济转型的轨道上，创造有利的条件解决当前债务问题的方式。

如果把债务问题作为整体来看，企业降杠杆是一个较为明确的目标。但从实际的操作层面来看，无论是逐渐化解融资平台债务风险，还是推动国有企业降杠杆，都不可能一蹴而就，需要一定的时间窗口，并且对这个窗口还有多种条件的要求。

政策实施需要及面对的客观条件

首先，对于大部分企业来说，与直接减少债务规模相比，降低债务成本是更为切实可行的降低偿债压力的办法，因而较低的再融资成本是实现企业减轻债务负担的前提。这就对资本市场保持宽松的资金供给和较低的资金价格提出了要求。其次，企业偿债能力的下降与行业不景气和盈利能力的下降密切相关，想要企业切实减少债务，让企业重新获得盈利能力也较为重要。而当前的经济下行压力较大，内需不足问题十分突出，企业经营情况的改善举步维艰。此外，作为债务人，如果出现通货紧缩将无形中增加企业的偿债负担，对于企业降杠杆的要求将十分不利。除了上述三点，避免房地产市场的断崖式下跌也是中国企业能够顺利降杠杆的重要条件。因为无论是普通企业债务还是融资平台债务或是地方政府债务，土地和房产都是最主要的抵押物。现有抵押物的价格不出现大幅下跌是让银行坏账不至于大幅上升、企业债务负担不再被动增加的重要保证。然而随着房地产市场爆发式增长阶段的过去，无论是市场价格还是居民需求都趋于理性，而商业地产更是在经济下行的压力下大幅调整，受此影响，地方政府备受诟病的土地财政似乎也需要寻找新的出路。

通过以上分析不难看出：较低的再融资成本、复苏的盈利空间、不出现通货紧缩以及房地产市场的软着陆，是解决债务问题、让政策有空间发挥作用的重要条件。但是从当前的经济环境来看，虽然融资成本在央行动用多种货币政策工具的努力下已经下行，但疲弱的内需和不断加大的通缩压力都不利于企业部门降杠杆，房地产市场的调整也逐渐成为市场的共识。

创造有利客观条件的政策选择

宽松的货币政策显然是低融资成本的重要保证，同时也是避免通缩的重要手段。但从目前的效果来看，多次降息降准虽然使融资成本有所下降，但对于通缩的缓解作用有限。考虑到美联储开启加息通道对国内资本流出的影响，未来保持相对宽松的货币政策仍然十分必要。当然，从市场管理者的角度出发，如何让投放的货币实现一部分作为延迟企业和地方政府性债务违约风险的缓冲，另一部分投入到资金利用效率较高的部门才是更为严峻的课题。对于地方政府性债务，固然可以对银行持有部分进行定向置换并与其协商条款，但是对于企业债务，即便是国有企业债务，用非市场化的手段避免债务违约也并不容易。虽然商业银行自身作为国有金融机构承担着一定的社会责任，但同时作为以盈利为目的的公司，自身也承受着控制不良资产规模的压力，很难无视企业恶化的经营状况和偿还能力对债务进行展期。在民营企业中，已经出现一批面对经营亏损、流动性紧张的企业，被银行抽贷以至资金链断裂导致最后一根稻草压垮，最终倒闭或跑路。相比之下，对于承担公益性项目的融资平台贷款，监管机构已经明确要求银行不得抽贷，而其他国有企业与银行就贷款展期的协商也比民营企业有明显的便利和成本优势。虽然这样的双重标准在维护市场稳定性、避免债务风险大范围爆发的要求下能够部分保护市场参与者的信心，但长时间采取这种方式却可能让"四万亿"经济刺激政策后已经严重偏向政府和国有企业的资源配置能力更加扭曲，对于经济转型的需要和激发非公有制经济活力都可能产生不利影响，对中央提出的让市场在资源配置中发挥决定性作用的方针也有所偏离。显然，以银行信贷为出口对一般国有企业和地方融资平台的救助虽然可能延续几年的时间，但仍然需要明确设置一个停止键，才能避免在解决债务问题之后留下市场资源配置更加扭曲的后遗症。

在保证流动性和低融资成本的同时，给企业创造新的盈利空间也是解决债务问题的重要条件。这一方面要求重新获得市场需求，另一方面也要减少企业经营的行政及税收成本。在激发市场需求方面，中央已经陆续出台了多项经济刺激政策，内部以基础设施建设投资、水利设施、养老产业、保障房等民生工程投资等为代表，外部则以"一带一路"经济带为契机，鼓励企业走出去拥抱外部需求，输出过剩的产能和资本。总体来看，想要短期内维持经济增长的速度，增加投资仍然是最主要的手段。不过，由于债务负担已经形成并有一定规模，投资对经济的带动作用已经出现明显的下降，以扩信贷、扩投资为主的经济刺激政策效果也逐渐减弱。外部需求的开发是与以往有所不同的新需求增长点，然而与内部需求相比，其更大的不确定性对经济增长和改善企业经营状况的效果还需要更多的研究和论证。从减少企业行政及税收成本方面，简政放权和财税体制改革也已经在开展之中。尽管面对增速下滑的财政收入，实施减税政策对于政府来说是一个痛苦的过程，但在当前的经济环境下减轻企业经营负担、激发企业的活力、扩大企业的盈利空间才是更为重要的目标。在营改增之外，还应扩大享受税收优惠政策的企业范围，除了对创新型企业、中小企业减税，还应对亏损企业减免环节税。这不仅能够增加企业的盈利空间，也能够建立市场对经济复苏的信心。同时还应该考虑对个人减税，通过改善二次分配结构提高个人消费能力。增加的消费需求不但可以稳定物价，弥补政府消费减少形成的缺口，更有利于实现将增长动力由投资拉动转向消费拉动的重要结构调整。

就对抗通缩的办法而言，除了从货币供给和增加市场需求两方面继续发力，价格改革，尤其是电力等资源类产品的价格改革也能对降低通缩风险有所帮助，但改革的进程面临较大阻力。在稳定房地产市场的问题上，前期各地的限购政策已经纷纷解除，部分地区已经再次推出了各种优惠政策重振房地产市场。随着去产能、去库存的供给侧改革的实质推进，实体经济通缩风险将有所缓解，但考虑到这一过程相对较为漫长，短期内工业领域通缩压力仍然存在。

五　中国债务风险的化解之道

在企业部门债务规模高企的情况下，采取一定的措施降低杠杆率，收窄债务规模是理性的选择。然而，在总需求疲软的宏观背景下，简单地通过削减企业支出或降低企业债务融资的方式来进行大规模去杠杆，将会使有效需求不足问题变得更为严重，加大宏观经济断崖式下跌风险。2013 年监管部门就是通过上述方式对企业部门进行去杠杆。一方面通过对银行表外业务的清理收窄企业融资渠道，另一方面维持稳中偏紧的资金环境，抬高利率水平，倒逼企业自主降低融资规模。这在一定程度上推动了社会融资规模和货币供应速度加速回落，金融内生性收缩现象明显，并在某种程度上导致 2014 年第 1 季度 GDP 增速由上年的 7.7% 快速回落至 7.3%，对经济的负面冲击较大。正因为认识到强行去杠杆可能引起的经济断崖式下跌，2014 年以来货币政策又逐渐放松，债券市场融资门槛也有所降低。对于地方融资平台，2014 年第 4 季度开始，在地方政府债务改革推动下，城投企业融资渠道也曾明显收紧，引起基建投资增速同步下滑。而为了防范由此引发的系统性风险，2015 年第 1 季度以后政府又陆续出台了一些过渡期政策，包括推出存量债务置换以及放宽再融资政策，等等。可见大规模去杠杆和强制的市场出清带来金融市场剧烈震荡、企业的大面积倒闭和经济的大幅下滑是不容易承受的。因而在当前经济环境下，处理企业部门债务问题面临两难选择：一方面，企业部门高企的债务规模及债务率，需要控制其债务增速，稳定其债务杠杆水平；另一方面，为了防范在结构调整过程中经济出现断崖式下跌，仍需要对实体经济进行资金支持，以确保经济增长稳定在一定水平。

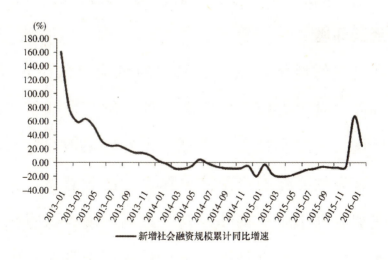

图 19　社会融资规模增速下滑

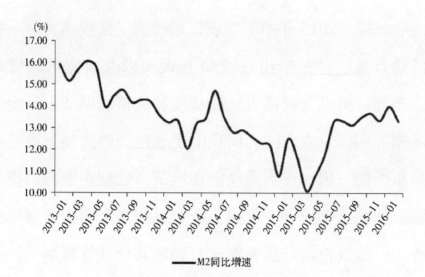

图20　M2增速回落

资料来源：中诚信国际信用评级有限责任公司整理

（一）财税、货币政策托底，避免大规模违约、营造良好经营环境

在当前的经济环境下，局部的风险释放不可避免，尽管如此，对于大面积的企业违约、倒闭可能带来的经济的断崖式下跌和社会的不稳定仍然要采取措施，竭力避免。首先就要在宏观经济整体下行的大背景下，努力创造更加有利于企业持续经营的市场环境。这意味着货币政策要提供一个低利率、宽货币的资金环境；财政政策一方面要扩大财政赤字，增加政府支出来拉动需求，增加企业收入，甚至直接承担一部分债务的偿付，另一

方面要减税降费，降低企业的经营成本。

　　在此前的报告中，我们已经详细论述了货币政策取向应该由"稳健"转向"宽松"，此处不赘。从财政政策的角度出发，扩大财政赤字和减税降费是当前避免大规模违约爆发，给企业创造有利的生存条件的必要手段。2014 年中国的财政赤字率是 2.1%，2015 年提高到 2.3%，其中地方财政赤字的首次出现实现了通过发行地方政府债券置换原有政府性债务，从一定程度上已经避免了地方融资平台出现大面积违约的情况。但是近两年地方财政在偿债压力上升、土地出让金收入大幅下降等各种压力下，对于大规模企业债务的救助能力有限。在这一方面，应考虑由中央财政发挥更大的作用，通过发行国债注资企业部门，在兼顾行业发展可持续性和系统重要性的前提下，让企业部门杠杆转移到政府部门，尤其是中央政府。这同时还让居民和机构的储蓄转移为政府债券的投资，有助于提高存款的使用效率。与此同时，继续用政府投资稳定需求的增长，从基建、养老、医疗、教育等仍需要大量投入的产业入手增加投资需求，给企业带来可持续性收入；继续减税降费，降低企业的经营负担，让企业部门能够正常经营和运转。在符合国家经济结构调整方向的产业上，政府应予以多种政策的支持和鼓励，部分降低企业在开拓新业务过程中的风险。

通过宏观经济政策的支持，避免大规模违约和企业倒闭出现，稳定经济增长，是给经济结构调整的最终实现、从根本上解决债务问题争取时间。然而需要注意的是，政府对企业债务的救助只是在特殊时期避免风险爆发的短期政策，并不能作为一个长期的手段。由于救助的资金来源于政府债务，这意味着随着债务的到期，经济的好转和企业正常经营的恢复，政府的资金就要适时退出。

（二）加快资本市场改革，创新企业融资工具，拓宽企业融资渠道

企业融资的啄序理论认为，由于信息不对称的存在，企业融资从成本高低的角度考虑具有优先顺序，即首选内部融资，次选外部融资，而外部融资中则优先使用债权融资，其次为混合资本融资工具，最后才是股权融资。从中国目前面临的经济环境来看，大多数企业的自有资金无法满足其资金需求，在经济下行、企业经营形势严峻的外部条件下更是如此。研究表明，由于中国股权市

场发展的落后，资本市场有效性不高，企业的债权融资成本实际高于股权融资（王志亮、牛如海，2006）。这样的成本倒挂，进一步加剧了企业债务融资成本的扭曲，如果继续扩大债务规模，则将面临较高的债务风险。在这样的情况下，加快股权融资制度改革，发展混合资本工具就对企业去杠杆具有重要意义。应加快国内企业融资从债权融资转向股权融资或者混合资本融资。

"债转股"有利于企业降低债务率，但需完善股票市场发行、交易等全方面制度设计

增加股权融资是降低企业杠杆的一个重要手段。在企业经营的过程中，负债经营较为普遍，想要从分子出发降低杠杆实际较为困难，而从分母出发增加股权融资比例则是改善企业债务水平的重要办法。鼓励企业的资本扩充行为从长期来看更有利于企业的持续经营，降低企业财务成本，避免债务危机发生。同时，增加资金入股企业的比例让投资者直接分享企业的收益，可以降低企业受债务制约的程度，激发企业的活力，对于经济复苏和结构转型都更为有利。

自 2014 年下半年开始，政府企图通过"宏观债转股"实现降低中国债务率和杠杆率的目标，并在政策上大力推动股票市场融资，不仅重启了 IPO，还加快推动新三板、地方股权交易中心等更多层次的市场建设，对于推行注册制的脚步也逐渐加快。从 2014 年年底开始，半年的牛市助推了股票市场发展的又一轮大行情。2014年 A 股市场累计融资约 7600 亿元，约是 2013 年的两倍。其中 IPO 约 600 亿元，增发和配股融资约 7000 亿元。而2015 年 1—5 月的 IPO 就达到 824 亿元，定增融资达到3425 亿元。这就是说，2015 年 1—5 月份股市融资高达4249 亿元，已经占到 2014 年全年股市融资的 56%，这对于降低企业财务杠杆起到了关键性的作用。

　　然而，看似劲头十足的大牛市却在 2015 年 6 月戛然而止。6 月中下旬至 8 月末，A 股市场一改 2014 年下半年以来的单边上涨行情，转为连续单边下跌。上证指数从 6 月中旬最高点 5166.35 点跌至 8 月末 2900 点左右，深证指数从 18000 点上下跌至 9700 点左右，在短短两个多月的时间内股票指数累计跌幅超过 40%。股市行情的快速回落对宏观经济的冲击大大超越以往的水平。首先，这使得企业股权融资计划踏空，数据显示，新增非金融企业境内股票融资额在 2015 年 6 月创下新高值 1051 亿元后，7 月、8 月、9 月股票融资额持续快速回落，分别仅为 615 亿元、479 亿元和 379 亿元；其次，6 月末至 7 月初，股票市场持续大幅下跌，为配合"救市"，证监会不得不自 7 月上旬再次暂停 IPO，股票市场注册制改革也因此暂缓推进；股票市场的剧烈波动，也使得 2015 年第 3 季度金融业增加值累计同比增速较上半年有所回落，从而在某种程度上对三季度 GDP 增速下滑也产生了一定影响。

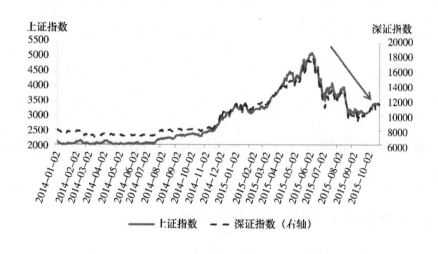

图 21　股票市场冲高回落，大幅震荡

资料来源：中诚信国际信用评级有限责任公司整理

下半年以来股票市场的剧烈波动以及由此形成的对宏观经济的负面冲击并不意味着宏观"债转股"改革的错误。相反，打开企业的股权融资渠道不仅是解决企业债务问题的有效办法，也是鼓励创新、推动经济发展的有利措施，但这是建立在完善的市场制度以及健康的市场运行基础之上的。股票市场的连续暴跌实际反映出国内股票市场存在的问题不仅是过于严格的准入要求，更在于监管机构对市场制度的设计不完善、对衍生工具的风险把握不到位、对各类市场运行机制可能带来的后果没有充分预估。因此，发展股权市场融资，首先应完善股票市场发行、交易等全方面制度设计。随着 2015 年 10 月以来股票市场的逐渐企稳，证监会已经于 11 月初重启 IPO，同时围绕巨额资金打新、监管发行条件、加大投资者合法权益保护等事项，提出了改善新股发行的措施，这也再次表明监管层并没有放弃"债转股"改革战略。未来完善股权市场制度，推进企业股权市场融资仍是资本市场改革的大方向，也是解决企业高债务率问题的重要措施。

大力发展混合资本工具：优先股、永续债务

（1）优先股

作为一种特殊的证券形式，优先股兼具股票与债券的特点，是企业传统融资工具之外的补充，发行优先股可作为解决中国企业目前融资困难的一种创新方式。所谓优先股是依据《公司法》，在一般规定的普通种类股份之外，另行规定的其他种类股份，其股份持有人优先于普通股股东分配公司利润和剩余财产，但参与公司决策管理等权利受到限制。相较于普通股，优先股的优先权主要体现在两个方面：第一，股息分配优先。优先股一般有固定的股息，并可以先于普通股股东领取股息。当公司有未分配利润可供分配时，必须先分给优先股，再分给普通股。如果优先股的股东没有得到规定的股息，那么普通股一律不得分红。第二，清偿顺序优先。当公司解散或破产时，如果清偿债务后仍有剩余财产，则优先股的清偿顺序优于普通股。但优先股股东一般没有表决权，不能借助表决权参加公司的经营管理。相较于债券，公司发行优先股没有到期还本的压力，但优先股股息率通常会高过负债利息率。

在企业债务风险高企的条件下，发行优先股可以使企业在获得类似于债权融资一样的杠杆效应时，同时降低企业财务风险。优先股再融资使企业获得杠杆效应。与普通股股东收益上升幅度是与企业收益上升幅度一致的情形不同，在优先股融资的情形下，由于优先股股东的股息率通常是固定的，这就使得在企业收益大幅度上升时，普通股股东的收益将超过企业收益的上涨幅度。

如此，企业就可以通过优先股融资获得类似于债权融资一样的杠杆效应。与此同时，优先股作为一种股权融资方式，不会增加企业的负债，且能充实企业的权益资金比例，可以降低企业的资产负债率以及财务风险，提高资金充足率。此外，在优先股融资的情形下，由于优先股股东通常无表决权或表决权受到限制，从而使企业的表决权仍集中在普通股股东手中，也就是说，优先股融资可以在获得长期权益资金的同时，却不会稀释股东权益，保持了股东利益平衡和企业控制权的稳定。优先股推进有利于新股发行制度改革。建立优先股制度，可在一定程度上弥补现行新股发行制度的缺陷，缓解市场扩容恐惧症，并为破解供需失衡困局提供有效的路径选择。

国务院在 2013 年 11 月 30 日印发了《关于开展优先股试点的指导意见》，支持实体经济发展。2014 年 3 月 21 日证监会发布了《优先股试点管理办法》，之后又公布了发行优先股相关信息披露的文件，对优先股的发行和管理作了进一步规范。2014 年 4 月 24 日上市公司广汇能源率先公布优先股发行的预案，成为 A 股首家开展优先股试点企业；浦发银行在 2014 年 4 月 29 日发布优先股发行的预案，成为国内首家银行股试点优先股。截至

2015 年年底，有 14 家上市公司审核通过优先股发行，其中银行股有 8 家。

总体来看，目前中国优先股融资市场还处于前期市场摸索阶段。当前发展优先股仍面临政策法规不确定性的问题。由于中国国内现有税务政策法规尚无明确规定优先股股息在税前抵扣还是来源于税后利润，国家财政、税务部门也尚未对支付优先股股息的税务处理做出明确的具体操作指引。随着优先股的全面实施，国家将对其税收方面进行相应的制定，但若优先股股息无抵税效果，较于债券筹资在利率相同情况下，企业发行优先股筹资的成本更高，显然企业将面临资金成本提高的压力。

（2）永续债务

永续债券就是没有明确到期日或期限长达 30—50 年甚至更长的债券。"债券之名，权益之实"是永续债产品的灵魂。持有人不能像普通债券持有者那样要求发行人偿还本金，但可以按期取得利息。按照权利义务的关系来看，永续债券的持有人是公司的债权人。永续债类似于股票中的优先股，同时具备了权益和债权两个部分，兼顾了债券和股票的两种属性，因此也被归类为混合资本证券。目前国内永续债务分为交易商协会主管的永续票据以及发改委审批的可续期企业债。

永续债务不同于普通债券的发行条款满足了特定供需双方的要求：对发行方而言，自主选择赎回还是存续的条款，缓解了企业的再融资风险，递延支付利息的权利则避免了定期偿付利息的固定风险，而且部分永续票据可以计入权益，降低了企业资产负债率，改善了企业的财务状况，这些发行条款对于还款付息压力较大、财务杠杆水平已经很高并难以通过的企业有很大的吸引力；对投资方而言，永续票据的发行利率普遍高于同期同等级普通债券发行利率 100bp 左右，而在利率重置期若发行人选择不行使赎回权，则票面利率将进一步跳升300bp，这实际提高了发行人行使赎回权利的意愿，对投资人而言，就相当于以相同本金在相同期限里获得了更高的回报，满足了部分风险偏好相对较高投资者的资产配置需求。

近两年监管部门对永续债务的鼓励政策使得此类债务工具快速发展，其中发行条件较为宽松、发行周期较短的永续票据自 2014 年第 4 季度以来快速发展，不仅规模大幅增加，而且发行人范围明显扩展。截至 2015 年年底，累计已有 176 只规模合计 3299 亿元的永续票据发行上市，远远超过了 2014 年的发行水平。发行人也逐渐从信用水平良好的大型央企向省市级国有企业、城投公司扩展，甚至一些民营企业也成功发行了永续票据，发行人信用等级下沉现象较为明显，主体级别为 AA＋、AA 等级的永续票据只数占比由 2014 年的 10% 和 4%，上升至 2015 年的 36% 和 12%。与之形成鲜明对比的是，发改委主管的永续债，虽然具有与永续票据相似的特征，但因为审批周期较强，且发行限制较多而发展缓慢，2015 年仅发行 4 只，其中 3 只主体与债项级别全部为 AAA，剩下一只主体与债项级别均为 AA。目前发改委已经发文简化企业债发行流程，预计在此项政策的刺激下，未来永续债也将有一定发展。

与优先股发展面临的问题类似，永续债务同样面临会计政策不确定性的政策障碍。如果永续债务不能计入企业的权益资本中，则发行永续债务并不能降低发行主体的资产负债率。而由于永续债务往往比同等级普通债券发行利率高很多，发行永续债务反而加重了发行人承担的利息支付负担，抬高财务费用。另一方面，永续债券的持有人是发行人的债权人，这意味着即使发行人不用在特定期限偿还债务本金，仍需要定期支付利息，对

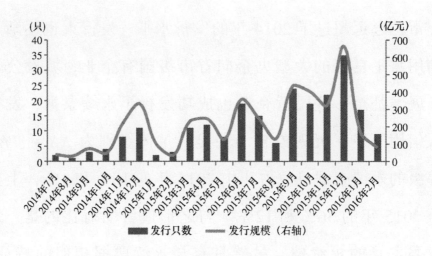

图 22　永续票据发行规模迅速扩张

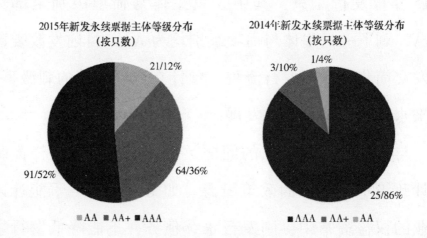

图 23　永续票据发行人等级下沉现象明显

资料来源：中诚信国际信用评级有限责任公司整理

于投资人而言，仍面临无法按时收到利息的违约风险，特别是在交易商协会的发行政策中，允许永续债务发行人利息延期支付的条款，实际加大了投资人承受的信用风险。

继续扩大债券市场发行人范围，增加企业直接融资占比

在大力发展企业股权融资和混合资本工具的同时，推进现有债券市场的进一步完善也有益于提高企业直接融资占比，降低企业资金链断裂风险。自2015年以来，监管机构已经明确地方融资平台可以借新还旧，以保证对在建项目的资金支持。而随着证监会、交易商协会和发改委对各自监管的债券发行门槛的降低，企业的再融资风险也有所缓解。但是在这一过程中，监管机构始终保持着对发行人信用等级的要求，这虽然理论上可能降低整个市场的风险，实际上对于债券的风险定价、期限结构的建立都存在制约，同时也代替投资者拒绝了部分企业的债券融资需求。中国的债券市场的投资者群体实际是以机构为主，这意味着他们比个人投资者具有更高的风险识别和管理能力。观察国际成熟债券市场的案例可以看到，高收益债券市场与国债和其他投资级债券一样繁荣，机构投资者具备风险定价能力。而中国由于监管机构对发行人信用等级的要求始终存在，一方面让债券市场的风险定价体系始终处于不完整的状态，另一方面也抑制了投资机构提高对高风险资产的定价和管理能力，同时更让部分企业就此失去了成本相对较低的债券直接融资渠道，转向成本更高的民间借贷，加剧了企业的债务风险。因而，监管应考虑取消对发行人的信用等级要求，让市场通过信用评级对发行人进行准确的风险定价来完善债券市场的融资功能，培养投资人主动管理风险的能力，满足不同层次发行人和投资者的需要。

（三）发展违约风险对冲工具，提高债权人违约风险管理能力

在 2014 年以前，"刚性兑付"一直是主导资本市场的潜规则，在这样的背景下，债务的收益与风险长期相背离，债权人也往往抱有侥幸心理，疏于采取债务风控措施对违约风险进行管理。为削弱信用风险事件对于市场的冲击，切实有效地隔离违约风险，债权人应对债务风险采取主动管理，采取更多方式构建多层次的金融市场。

1. 信用风险逐步暴露，债权人应对违约方式有别

2014 年对于资本市场是一个重要的转折点，从公募到私募，从银行贷款到信托产品，多笔债务兑付风险集

中暴露，为资本市场敲响了警钟。针对这些债务兑付危机事件，债权人主要采取了转让不良资产、等待企业重整以及破产清算等方式进行处理。

（1）信贷市场：不良资产打包转让

商业银行作为企业资金的来源方之一，其持有的不良资产规模随着企业债务风险的增加而持续扩大。在计划经济向市场经济过渡的时期，为收购国有银行的不良贷款，中国成立了四大资产管理公司。2007年开始，四大资产管理公司开始商业化运作，不再局限于收购国有银行的不良资产，将其他商业银行业的不良资产也包括在内。2015年，财政部下发文件，放开华融、长城和东方三家国有资产管理公司的业务许可，允许其收购、处置非金融机构不良资产。从具体操作上看，商业银行剥离不良资产的具体操作过程是银行将持有的不良资产打包转让给资产管理公司，资产管理公司接收不良资产后，将依然有价值的资产，通过债务重整以及追加投资、债转股或借壳上市等方式实现保值、增值和退出。银行出售不良贷款的方式直接降低了银行已经或者即将面临的资产损失，并以资产管理公司为平台帮助面临债务危机的企业脱困，从债权人和债务人两个角度最大限度地降低了债务风险对市场的冲击。

（2）债券市场：企业重整、破产清算

企业重整和破产清算是通过直接对债务人的资产或债务进行重整、处置以实现债务清偿的方式，本质上均是法律行为，需要依照特定的法定程序来操作。随着企业债务刚性兑付被打破，企业采取重整或破产清算的方式清偿债务已不足为奇。国内首例违约的公募债发行人超日太阳就是通过重整的方式实现了重新上市，"11超日债"因此得到了百分之百的清偿率。除此之外，保定天威集团、二重集团及子公司二重重装也因无力偿还债务已主动申请或者由债权人向法院申请了重整，目前已经进入重整程序。以上案例均是通过重整的方式来帮助企业渡过难关。与此相比，破产清算则是企业在走投无路时才会采取的最坏方式。一般来讲，破产清算通过牺牲债务人的利益来保障债权人的利益，对于有特定财产担保的债权可能得到优先清偿，但无担保债权只能在清算过程中申请普通债权，难以得到足额清偿。在国务院推动国有企业兼并重组的政策指引下，未来国有企业将更可能采取企业兼并重组的方式避免国企违约事件的发生，而民营企业由于经营更加市场化，可能将更多采用

重整或破产清算方式解决违约问题。

从以上分析可以看出，采取出售不良资产以及等待企业重整、破产清算的方式确实在现实中缓释了债权人承担的企业债务违约风险，债务回收率普遍较高，尽可能地保全了债权人的利益。但是采取以上三种办法仅仅是被动地对违约债务进行事后补救，并没有在事前或事中主动对信用风险进行防范，未有效隔离债务违约风险。另外，企业重整和破产清算往往要经历冗长的司法程序，并且在股东及关联人对重整方案和清算方案投票表决时容易产生不一致的意见，很难达到统一，如"11华锐01"在债券回售到期日之前向债权人提出债务重整方案，以期望在相关债务减免的同时避免出现回售危机，但该方案未能获得债券持有人大会通过，最终发行人通过出售应收账款以及通过资本金转增股本、由引入的战略投资者出资偿付，这大大降低了解决债务问题的效率。

2. 应对刚兑打破趋势，重启不良资产证券化，发展信用衍生品市场，提前应对违约风险

尽管在宏观政策的支撑下，大规模的违约事件发生的概率较小，但局部的风险释放仍然会不时出现。随着债务违约事件的逐步常态化，仅采取以上方式对违约债务进行事后处理的做法使债权人处于较为被动的地位，为进一步加强信用风险管理，债权人还应对债务风险采取主动管理，通过不良贷款证券化、开展多种信用衍生工具等渠道提前化解违约风险。

（1）重启不良贷款证券化，降低银行业资产风险

早在 2006 年和 2008 年中国已有过不良资产证券化的实践，信达资管、东方资管以及中国建设银行均发行了不良资产证券化产品。2008 年后，受金融危机的影响，信贷资产证券化业务被迫暂停，不良资产证券化也随之停止。随着当前商业银行不良贷款规模快速上升，商业银行急需快速提升自身的资产质量，而现阶段银行业不良资产处置方式较为单一，主要为资产保全和呆坏账核销。虽然商业银行也可以将不良贷款打包处置给资产管理公司，但由于其处置对象主要针对个案，因此专业的资产管理公司也无法很好地满足快速和批量处置巨额不良资产的要求。而资产证券化作为一种批量交易的方式，由于其能在短期内同时转让大量不良资产的所有权或收益权，提前将现金回收进而将风险转移出去，达到快速处置不良资产的目的，因此，不良资产证券化不仅可以使作为发起机构的商业银行将缺乏流动性的不良资产转变为现金收入，同时还可以拓展投资者的投资渠道，取得预期收益。随着我国资产证券化市场的发展，开展商业银行不良贷款资产证券化，有助于拓展商业银行处置不良贷款的渠道，提高商业银行不良资产处置的速度，提升商业银行的资产质量。

从不良资产证券化的发展历程来看，不良资产证券化最早出现于美国，之后其他国家纷纷效仿，总体上看美国、意大利、日本和韩国不良资产证券化实践取得的成效较为突出。以韩国为例，在亚洲金融危机爆发后，韩国借鉴欧美不良资产证券化的经验，一方面加快不良资产证券化的法律制度建设，另一方面成立了韩国资产管理公司作为不良资产证券化的实践主体。由于韩国资本市场容量较小，为提高不良资产证券化的效率，韩国将其证券化产品在卢森堡和美国上市交易，引入国外投资者，并聘请国外中介机构对资产证券化产品提供服务，增加其产品在国际市场上的影响力，在处置不良资产方面得到了很好的效果。韩国的实践经验表明，完善的法律制度、设立不良资产处置机构以及从自身国情出发设计的产品方案是不良资产证券化实践成功的必要条件。

由于此前中国已有过不良资产证券化的实践，相关法律框架以及资产管理机构已有一定的基础，并且目前国内资产证券化产品的市场认可度也较高，无论从发行还是从需求的角度来看，我国已具备不良资产证券化重启的基本条件，但若要进一步提高不良资产的处置效率，相关法律制度还需进一步完善。目前我国关于不良贷款转让的法律规定是 2012 年下发的《金融企业不良资产批量转让管理办法》，其中对于不良资产的批量转让仍存在着严格的规定，金融企业批量转让（10 户/项以上）不良资产为只能定向转让给资产管理公司，为推动不良资产证券化业务的顺利开展，监管层应考虑放宽批量转让不良资产的限制，加快不良资产证券化的效率①。

从不良资产证券化的作用来看，与打包出售不良贷款相比，不良资产的证券化能够达到快速处置不良资产的目的。打包转让不良资产后资产管理公司只能针对个案具体问题具体分析，依次进行处置，效率较低，不良资产证券化可以实现不良贷款的批量处置，在短时间内同时转让大量不良资产。与此同时，不良资产证券化还将不同风险偏好的投资者引入到不良资产处置领域，有

① 详细内容参见闫衍《我国商业银行不良资产证券化模式与展望》，《财经》2015 年第 28 期。

效分散银行业的资产风险。目前商业银行对不良资产证券化有迫切的需求，市场内外部环境以及投资者认可等条件已经具备，在各类机构共同推进的作用下，一旦监管条件放开，不良资产证券化业务将得到快速发展，银行业整体资产风险将得到大大降低。

（2）发展信用衍生品市场，缓释潜在信用风险

信用衍生品是分离和转移信用风险的各种工具和技术的统称，本质上是一种场外金融合约，用来提供与信用有关的损失保险，其最早出现于1992年的美国纽约互换市场。经过20余年的发展，信用衍生产品交易由北美扩展到欧洲、拉美和亚洲。目前欧洲、美国的信用衍生产品市场份额较大，其发展已经较为成熟。而我国信用衍生产品市场在2010年才正式起步，目前仍处于发展初期。当前我国企业深陷高债务困局，银行等各类金融机构资产质量快速下降，金融体系内部信用风险亟待释放，这样的背景下，进一步丰富信用衍生品工具、扩大信用衍生品市场非常必要。

目前中国信用衍生工具种类较为单一，仅在2010年推出了信用风险缓释工具（CRM）的试点业务。信用风险缓释工具（CRM）包括信用风险缓释合约（CRMA）

和信用风险缓释凭证（CRMW），CRMA 是信用保护买方（银行）向信用保护卖方定期支付费用、信用保护卖方就约定的标的债务向买方提供信用风险保护的合约，CRMW 则是为凭证持有人就标的债务提供信用风险保护的、可交易流通的有价凭证。与国外信用衍生品自发的场外交易相比，中国的信用衍生品从一开始就具有"官办"的色彩。国内 CRM 由银行间市场交易商协会所主导，其参与者主要是国有商业银行和股份制商业银行，信用风险也仅是在少数银行间转移，CRM 的市场存量和流动性表现均不佳。

当前发展信用衍生品市场能够契合金融市场化的规律。此前 CRM 交易遇冷，与刚性兑付的潜规则下债务违约事件难以发生有一定的关系。随着企业兑付危机和银行等金融机构资产风险等问题愈加严峻，当下继续推出信用衍生工具对于缓释信用风险将会有诸多帮助。从企业的角度来看，信用衍生工具在流通性较好的情况下可以将信用风险转移，相当于为企业债券提供了信用增级，在缓解企业融资难的同时对债券违约风险进一步分散。与此同时，银行等金融机构作为债权人，其持有的债权资产的风险随着信用衍生工具的流通而转移，降低了不良资产的损失压力，此时若对不良资产进行转让或资产证券化，将大大提高不良资产的处置效率。

发展国内信用衍生产品市场，一方面要丰富信用衍生工具的品种。目前国际上信用衍生工具以信用违约互换（CDS）为主，其他品种诸如总收益互换（TRS）、信用联系票据（CLN）和信用利差期权（CSO）也占有着一定的市场份额。信用衍生工具的丰富有助于满足不同类型投资者的需求，增加信用衍生品市场的活力。另一方面，信用衍生工具的参与主体范围仍需要扩大，目前我国参与 CRM 交易的只有少数银行，这也是信用衍生品市场发展缓慢的重要原因，除商业银行之外，其他主体包括企业部门以及非银行金融机构都需要涉足信用衍生品市场，真正发挥信用衍生工具对于金融体系内部信用风险的缓释作用。

总结走出企业高债务困局的办法，一是通过宏观政策支持避免出现大规模违约，给企业恢复活力创造条件，给更长期的经济结构调整争取时间；二是通过金融市场的改革和创新让拓宽企业的融资渠道和空间，改善企业的杠杆率，减轻企业的债务负担；三是创新违约风险管理工具，提高债权人，特别是银行等金融机构主动管理违约风险的能力，降低企业债务违约给其带来的损失和冲击。

（四）转变经济增长方式是走出企业部门高债务困局的根本

无论是政策对暴露的风险进行托底，还是持续给企业提供再融资的条件，或是给债权人提供处理风险资产的工具，实际上都是短期内应对债务危机负面影响的办法。从长期来看，债务危机产生的根本原因是在应对上一轮金融危机的过程中经济刺激政策用力过猛导致的低效率投资快速规模化，占经济的比重庞大以至于难以消化，更难以带动经济进入新一轮增长。从 2012 年以后几次"微刺激"政策的实施效果来看，通过投资驱动经济增长的作用明显递减，作用效果逐渐下降，有效时间也逐渐缩短，因此改变投资驱动的经济增长模式是一个必然的选择。

通过第一部分中与世界其他发达经济体相比较，可以看出在我国消费对经济增长的贡献率明显低于其他经济体。这与我国应对 2008 年金融危机的策略有关，也可能与之前我国所处的工业化社会发展阶段和人均收入的

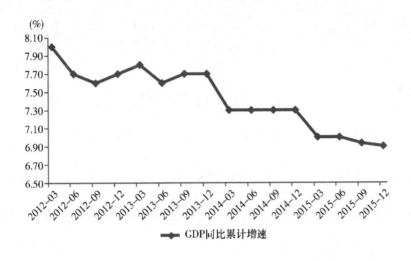

图 24　"微刺激"政策效果逐渐减弱

资料来源：中国人民大学宏观经济论坛课题组

水平相关。但这也意味着随着我国逐渐进入工业化社会后期，直至后工业社会，居民收入水平逐渐提高，人均GDP 达到 8000 美元以上①，消费占经济的比重也应该逐渐上升。由投资驱动转为消费驱动是经济结构调整的方向。而从债务问题的角度出发，可以想象投资驱动经济增长天然会累积企业杠杆或者政府杠杆，对于股权融资不发达的中国市场则尤其明显，而消费驱动则恰恰是降低储蓄率、提高居民部门杠杆水平的过程。同时配合以资本市场的改革，理论上鼓励居民将储蓄转移到对企业

① IMF 预计 2015 年中国人均 GDP 将达到 8280 美元。

的股权投资中去，又适时地给企业去杠杆创造了条件。由此可见，伴随着经济结构的调整，杠杆从企业部门转移到居民部门，与企业债务问题的解决高度契合。

从数据上看，中国的经济结构调整已经取得了一定的成绩，2010 年以后，投资贡献率高位回落，而消费的贡献率则明显上升，并在 2011 年、2012 年和 2014 年都超过了投资的贡献率。如果从三次产业增加值的数据看，也能看出 2015 年以服务业为主的第三产业的增加值在 GDP 中占比已经高于第二产业增加值占比 9 个百分点左右。这些数据都表明经济结构正向着更加发达的经济体，更加适合新的发展阶段和从根本上解决企业高债务问题的方向发展。

不过，就目前来看经济结构调整的过程中仍然有许多问题有待解决。这既包括前文所提到的金融市场的改革，还包括诸如建立科技创新、成果转化的市场化运作模式，进一步保护知识产权，建立鼓励企业诚信经营、失信惩戒的社会信用体系，增强企业在国际市场上的竞争力，进一步增加政府对居民养老、医疗、教育等民生基础设施的投入从而转变中国人的消费习惯等方面问题的逐步解决。由此可见，经济结构调整的过程复杂而又

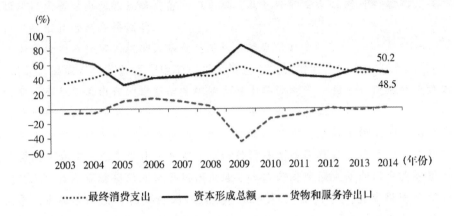

图 25　最近 5 年消费对经济的贡献率与投资不相上下，2014 年超过投资贡献率

资料来源：中诚信国际信用评级有限责任公司整理

需要较长的时间，只有短期内通过一系列办法缓解企业高债务给经济带来的压力，维持经济和社会稳定，才能为从根本上解决企业的高债务问题赢得时间。而只有坚持让经济结构向更加先进和适应新的发展要求的方向调整，中国经济才能进入新的增长周期。

毛振华，中诚信集团创始人、董事长，中诚信国际信用评级有限公司首席经济学家，中国人民大学经济研究所联席所长，教授、博士生导师。

毛振华担任国务院深化医改领导小组专家咨询委员会专家委员、董辅礽经济科学发展基金会理事长、中国经济理论创新奖执行委员会主任、中国民（私）营经济研究会副会长、中国工业经济联合会常务理事、中国企业家论坛理事等职务。

毛振华毕业于武汉大学，获经济学博士学位和中国社会科学院博士后。

阎衍，中诚信国际信用评级有限责任公司董事长，中国诚信信用管理有限公司副总裁。

阎衍曾任中诚信财务顾问有限公司常务副总裁、中国诚信信用管理有限公司执行副总裁、中诚信证券评估有限公司副董事长等职务。

阎衍于1999年获得中国人民大学经济学博士学位。

张英杰，中诚信国际信用评级有限公司董事总经理，分管研究部、博士后工作站，主要研究领域宏观经济、信用评级与风险等。

　　张英杰受聘为中国人民大学国家发展与战略研究院研究员；新华社特约经济分析师；中国银行业协会东方银行业高管研修院培训讲师；中国财富管理50人论坛研究院特聘研究员；国保险资产管理业协会专家讲师；清华大学五道口金融学院道口教育专家讲师、中国银行间市场交易商协会外聘讲师。

　　张英杰曾任教于哈尔滨工程大学经济管理学院，副教授，硕士生导师。

　　张英杰拥有中国人民大学经济学博士学位，中国人民大学国民经济博士后。